NOTICE HISTORIQUE

SUR

BENJAMIN DE TUDÈLE.

Ouvrages du même Auteur.

1. ITINÉRAIRES DE LA TERRE-SAINTE, des XIIIe, XIVe, XVe, XVIe, XVIIe, siècles; traduits de l'hébreu, et accompagnés de tables, de cartes et d'éclaircissements. Bruxelles, 1847, gr. in-8. XXIV et 572 pages. 12 00

2. RELATION d'Eldad le Danite, voyageur du Xe siècle, traduite en français' suivie du texte et de notes. Paris, 1838, in-8. 3 00

3. אלה המסעות, *Itinéraire à l'usage de ceux qui vont en pèlerinage en Palestine*, publié pour la première fois d'après un ancien manuscrit de la bibliothèque de l'éditeur. *A la campagne de l'éditeur*, 1841, petit vol. in-12. 3 00
   Tiré à soixante exemplaires.

4. TOUR DU MONDE, de Pethachia de Ratisbonne, voyageur du XIIe siècle, traduit en français et accompagné du texte et de notes. Paris, impr. royale, 1831, in-18. 5 00

5. REVUE ORIENTALE, Recueil d'Histoire, de Géographie et de Littérature. Première année, gros vol. in-8. 16 00
   Deuxième année. 16 00
   Troisième année. 16 00

6. HISTOIRE des Médecins juifs anciens et modernes. Bruxelles, 1834, beau vol. in-8. 7 50

7. DES KHOZARS au Xe siècle, suivi d'une lettre du ministre d'Abd-al-Rahman III au roi des Khozars et la réponse du prince. Bruxelles, 1833, gr. in-8. 5 00

8. PARABOLES DE SENDABAR sur les ruses des femmes, traduites de l'hébreu et précédées d'une notice historique sur ce sage Indien. Paris, 1849, petit in-8. 6 00

9. MÉMOIRE sur un médaillon en l'honneur de Louis le Débonnaire, présenté à l'académie royale de Bruxelles; avec une lithographie. Bruxelles, 1833, in-8. 1 50

10. LE JARDIN ENCHANTÉ, contes. Bruxelles, 1844, gr. in-8. illustré. 7 50

11. SOUR ME-R'A, suivi de Mélanges de littérature hébraïque. Bruxelles, 1845, in-32. 2 50

12. BERACHIA BEN NITRONAI, fabuliste du XIIe siècle. Brux., 1848, in-4. 2 50

IMPRIMERIE DE J.-H. DEHOU.

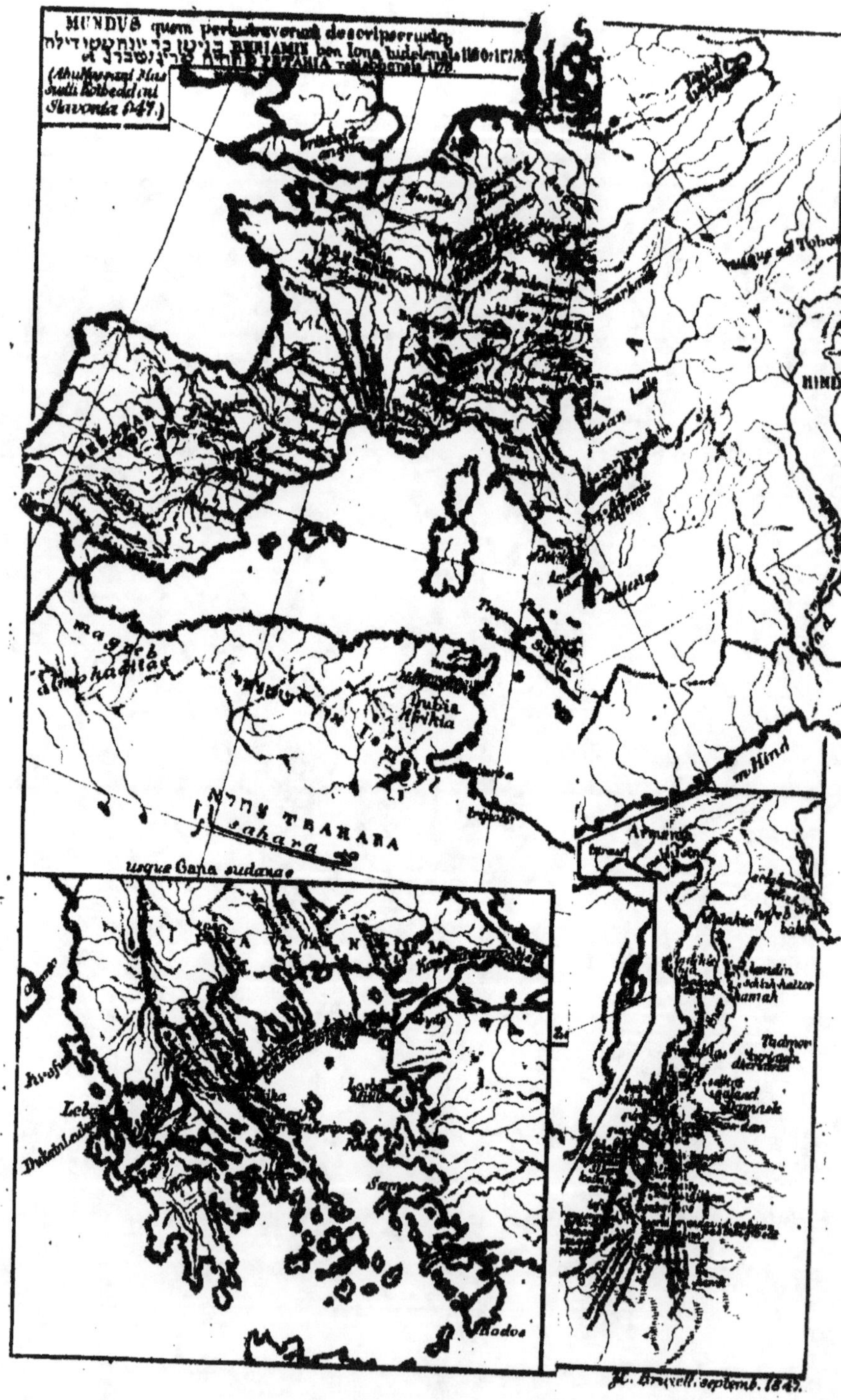
MUNDUS
Slavonia 1847.)
magreb
Afrikia
TSAHARA
sahara
usque Gana sudanae
m. Hind
HIND
Armenia
Tadmor
Rodos

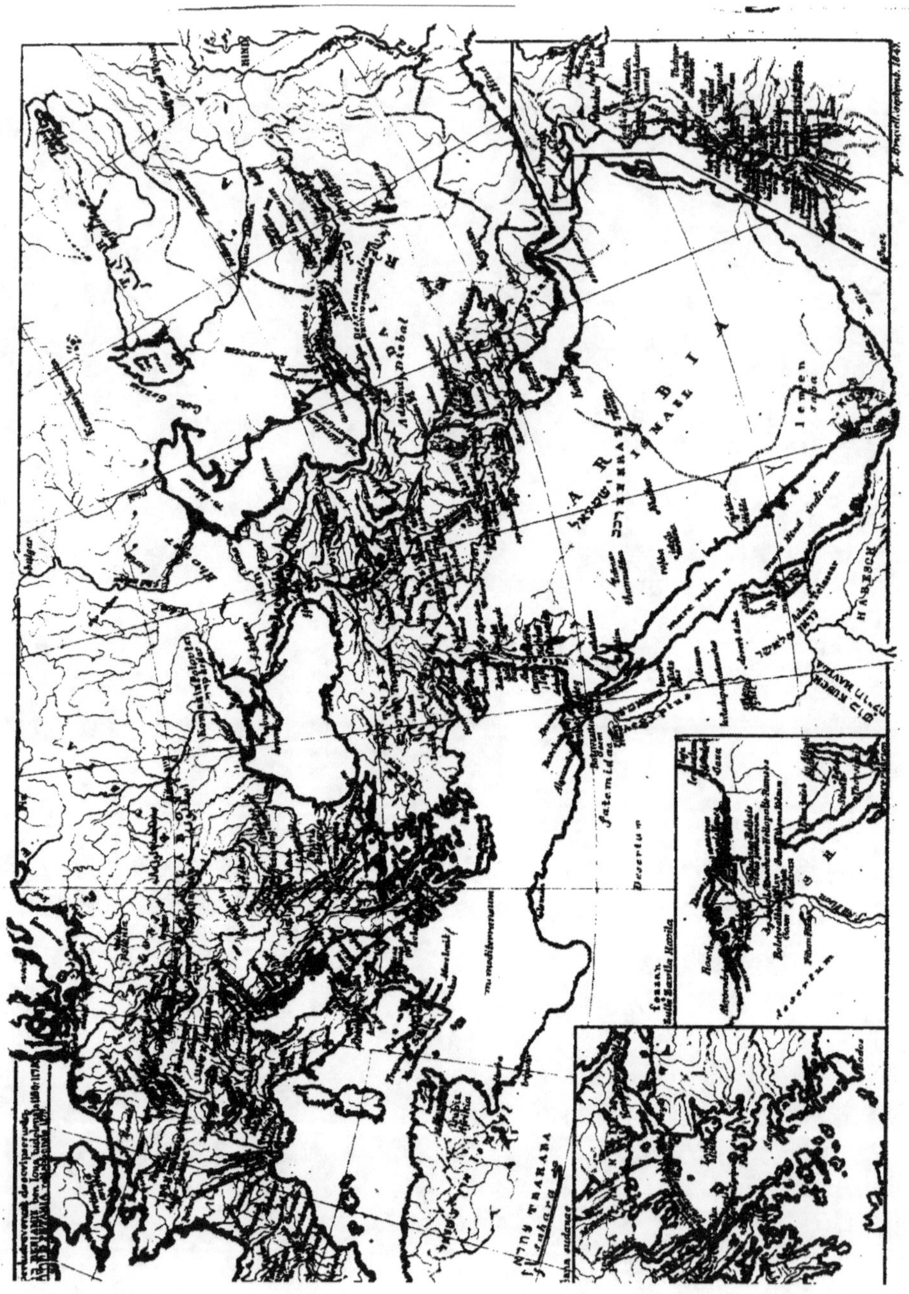

NOTICE HISTORIQUE

SUR

BENJAMIN DE TUDÈLE,

Par E. Carmoly.

NOUVELLE ÉDITION,

SUIVIE

DE L'EXAMEN GÉOGRAPHIQUE DE SES VOYAGES,

Par J. LELEWEL.

BRUXELLES

ET LEIPZIG,

CHEZ KIESSLING ET COMPAGNIE.

1852

NOTICE

SUR

BENJAMIN DE TUDÈLE.

I.

EXPOSITION.

Le voyageur intrépide, qui renonce aux charmes d'une vie paisible, au commerce de ses semblables, pour aller chercher au loin de nouvelles lumières, de nouvelles instructions, de nouveaux enseignements, offre le plus grand, le plus intéressant spectacle que puissent présenter les choses humaines. Il ne peut faire un pas sans ajouter à ses connaissances, et sans voir s'étendre devant lui la sphère du monde. A mesure qu'il avance, il développe son esprit, épure son goût, agrandit, en quelque sorte, sa raison et s'attire partout la bienveillance universelle : car, par besoin autant que par justice envers l'humanité, il se sent porté chaque jour davantage à devenir meilleur, tout en se disant avec le bon Tolland : *mundus domus est : omnes homines cognati.*

C'est aux voyages qu'on doit la certitude mathématique de la rondeur sphérique de la terre. Les rapports commerciaux des nations, des gouvernements et des particuliers furent établis par les voyages. On sait que sans eux, il n'y aurait ni histoire naturelle, ni géographie complète, ni histoire générale, ni philosophie comparée. Cependant, de tous les hommes qui, par différents moyens, concourent à l'accroissement des sciences, il n'y en a point de moins rémunérés de leurs travaux.

A peine daigne-t-on leur tenir compte des privations les plus pénibles, des fatigues sans nombre qu'ils subissent; non seulement on oublie les dangers de toute nature auxquels ils se sont plus ou moins exposés, mais on conteste même la véracité de leurs récits.

C'est surtout sur les voyages du moyen âge, qu'on fait peser cette accusation d'infidélité. Benjamin de Tudèle, le plus ancien et le plus célèbre d'entre eux, fut, à l'exemple des Marco-Polo, des Plano-Carpini, des Ascelin, décrié comme un vil et audacieux imposteur. Cela tient à ce que, justement apprécié d'abord par les savants les plus rapprochés de son temps, il fut ensuite presque entièrement défiguré par d'inhabiles traducteurs qui le firent tomber dans le mépris, et lui valurent les épithètes les plus injurieuses. Le défaut de connaissances historiques et géographiques, surtout en ce qui concernait l'Orient, entraîna grand nombre d'auteurs dans des erreurs grossières, qui toutes furent imputées à Benjamin. Beaucoup de noms de pays, de villes et de peuples, cités plus tard par d'autres voyageurs, furent tronqués ou ramplacés par des noms imaginaires. Un méprise semblable eut lieu aussi à l'égard d'objets et de monuments remarquables, déjà historiques, ou qui le devinrent plus tard; au lieu de leurs dénominations si simples et si vraies, fidèlement rapportées dans le texte de notre historien voygaeur, on les revêtit de noms barbares, tout à fait étrangers à ce qu'il devaient exprimer. De là, ces villes inconnues et supposées, ces monuments extraordinaires, incohérents, qu'indiquèrent seuls les traducteurs, et qui, n'ayant de traces nulle part, firent douter de la véracité de Benjamin. Plutôt que de s'avouer une ignorance alors pardonnable, incapable de traduire le texte tel qu'il était, ils lui firent subir de prétendues corrections.

Je me propose dans cette notice de faire connaître en détails ces singuliers travaux littéraires, qui ont été poussés dans notre temps jusqu'aux dernières limites de l'extravagance. Mais avant d'entrer dans ces détails, parlons de Benjamin de Tudèle.

II.

VIE DE BENJAMIN DE TUDÈLE.

En me proposant de retracer les principaux événements de la vie de Benjamin de Tudèle, je me suis attaché à un double point de vue : j'ai cherché d'abord à la faire connaître d'après des monuments authentiques; puis, j'ai rapporté les divers faits que l'erreur et l'ignorance ont supposés.

On ne trouve point le nom de Benjamin de Tudèle dans Isaac Israéli, qui a écrit sur l'histoire littéraire des juifs d'Espagne d'après Abraham ben Daoud ; mais il est mentionné dans le livre intitulé *Sefer Iuchasin*. Il a été aussi parlé accidentellement de notre voyageur par Isaac Abravanel ; il n'est donc pas possible ici d'en apprendre au lecteur plus que ne l'ont fait les écrivains qui m'ont précédé et il ne me reste qu'à les comparer et à les copier.

S'il faut en croire Constantin l'Empereur (1), et Barratier (2), Abraham Zacut, l'auteur du Sefer Iuchasin aurait dit (3) : « Que R. Benja-
» min le voyageur, ce grand luminaire, dont la clarté a éclairé tout
» Israël, est mort l'an 933 (1173). » Il y a ici une double erreur ; d'abord l'éloge brillant de Zacut ne se rapporte pas à Benjamin, mais à Maïmonide qui suit immédiatement ; puis la date de 933 est une faute d'impression, au lieu de 938 (1178), comme l'ordre chronologique du Sefer Iuchasin l'indique. « R. Jacob Tam est mort l'an 930 ; —
» R. Ephraïm de Ratisbonne en 935 ; — R. Isaac le Vieux, la même
» année ; — R. Juda ha-Lévi, en 938 ; — R. Benjamin le Voyageur,
» aussi en 938. »

A cette faute typographique du Sefer Iuchasin, il faut en ajouter une autre plus grave qui appartient au premier éditeur de ce livre précieux. Samuel Schalom, le corrupteur de l'œuvre d'Abraham Zacut, a également falsifié ce passage. Voici comment s'exprime l'auteur lui-même dans son livre inédit qui se trouve à la Biblioth. Bodléïenne d'Oxford et dans mon cabinet de manuscrits : « R. Benjamin de Navarre, qui a
» parcouru le monde, a composé le Livre des Voyages en l'an 938. Il
» avait vu à cette époque à Posquières en France, Rabd (c'est-à-dire :
» Rabbi Abraham ben David) qui d'après son témoignage était riche et
» savant. A Rome il avait vu un petit-fils de l'auteur de l'Arukh, homme
» jeune et beau (4). »

Il résulte de ce passage que Benjamin était de Navarre, qu'il n'est pas mort en 938 (1178), mais qu'il a composé dans cette année la relation de ses voyages. Le célèbre Isaac Abravanel confirme ce premier fait en remarquant que Benjamin de Tudèle revint seulement de ses voyages en 1173, mais sans nous dire toutefois qu'il avait composé sa relation cinq ans plus tard, en 1178. Quoiqu'il en soit, voici les propres paroles de ce grand écrivain ; après avoir rapporté ce que notre voyageur dit du tombeau du prophète Ezéchiel, il termine ainsi :

(1) Itinerarium D. Beniaminis, p. 23.

(2) Voyages de Rabbi Benjamin fils de de Jona de Tudele, t. II, p. 4.

(3) Folio 131 de l'édition de Cracovie.

(4) רבי בנימין דנאברה שהלך העולם ועשה ספר המסעות בשנת התתקל"ח וראה אז להראב"ד בפושקיירה בצרפת · ואומר שהיה עשיר וחכם · ובן ראה ברומי לנכדי בעל הערוך איש בחור ויפה :

« On trouve ceci dans le Livre des Voyages, composé par le docte » R. Benjamin, qui, sorti de la ville de Tudèle du royaume de Navarre, » est allé dans un grand nombre de pays éloignés et a consigné par » écrit toutes les choses remarquables qu'il avait vues jusqu'à son » retour en Espagne, l'an 4933 de la création (5). »

Le premier éditeur des voyages de Benjamin, qui a reproduit ce passage d'Abravanel avec quelques développements, ne répète pas que notre voyageur était sorti de Tudèle en Navarre, parce que le manuscrit qui lui a servi pour faire son édition porte qu'il était sorti de Saragosse en Aragon. Ce qu'il dit : que Benjamin était revenu en 933 en Castille (6), au lieu de : en Espagne, a fait croire à Arias Montanus que Benjamin n'était pas de Tudèle en Navarre, mais de Tolède dans la Nouvelle-Castille, erreur qui a été renouvelée dans notre temps par un savant russe (7).

Quoiqu'il en soit de la ville natale de Benjamin, il nous apprend lui-même, au commencement de sa relation, qu'il était fils d'un rabbin Jonas, personnage tout à fait inconnu. Lui-même, à ce qu'il paraît, était rabbin, quoiqu'on ne sache rien de positif à cet égard. Ce qui paraît certain, c'est qu'il entreprit son voyage vers l'année 1160 ; non pas que cette date se trouve dans sa relation ou dans quelque histoire juive (8), mais on peut au moins la déterminer historiquement par les hommes et les choses dont il est question dans ces voyages. Par exemple, il fait mention d'Alexandre III, ce qui prouve qu'il n'a pas visité Rome avant 1159, puisque ce pape monta seulement cette année sur le siége pontifical.

Quelques-uns prétendent que notre voyageur était un habile architecte, d'autres qu'il était médecin, mais tout cela n'est fondé que sur des erreurs. Barratier (9) a déja relevé celle de Wolf; j'indiquerai ci-après chapitre VII, ce qui a donné lieu à celle d'Eliakim ben Jacob.

Les voyages en Orient ne furent pas rares au douzième siècle parmi les savants israélites d'Espagne, mais l'entreprise de Benjamin n'eut

(5) תמצא זה בספר המסעות שעשה החכם רבי בנימן שיצא מעיר תודילה במלכות נבארה והלך בארצות רבות רחוקות וכתב כל הדברים הרשומים אשר ראה עד שובו לספרד בשנת ד' אלפים תתקל"ג שנה ליצירה :

(6) וכשבא הביא דבריו אלה עמו לארץ קאשתליא בשנת התקל"ג

(7) Is. Baer Levinsohn, שרשי לבנון, p. 62; ailleurs, p. 221, il commet une double faute en plaçant Tolède en Navarre.

(8) Barratier, *Voyages de Rabbi Benjamin*, t. II, p. 4, se trompe quand il dit que Gedalia ben Jachia raconte que Benjamin commença à voyager l'an 4920, c'est-à-dire 1160 ; rien de semblable ne se trouve dans l'ouvrage de Gedalia.

(9) Voyages de Rabbi Benjamin, t. II, p. 5.

pour objet ni un simple pèlerinage à Jérusalem, comme celle de Juda ha-Lévi (10), ni le désir d'agrandir ses connaissances, désir qui avait guidé Aben Esra jusqu'au fond des Indes, où il fut pris par des anthropophages (11) : le but de Benjamin était de connaître par lui-même l'état moral et religieux de ses frères dispersés dans les diverses régions du globe. Parti d'Espagne, il traversa le sud de la France, l'Italie, la Grèce, les îles de l'Archipel, la Cilicie, la Syrie, la Palestine, les contrées du Khalifat de Bagdad et la Perse. De là il revint dans sa patrie par l'Indo-Arabie, les villes de la côte d'Yémen, l'Egypte et la Sicile, riche d'une foule de connaissances d'une portion considérable de la terre ignorée alors des peules occidentaux.

Nous avons vu plus haut que ce retour a eu lieu en 1173; il composa sa relation en 1178, et non en 1173, comme on l'a cru jusqu'à présent sur la foi d'une erreur du Livre de Iuchasin. J'ai signalé au même endroit la falsification de l'éditeur du Livre de Iuchasin; non content de supprimer les paroles de l'auteur, comme il s'en est rendu coupable dans plus de trois cents endroits, il lui fait dire que Benjamin est mort en 1178, au lieu de dire qu'il a composé sa relation 1178 (la date 1173 n'est qu'une faute d'impression).

III.

SES VOYAGES.

On peut ranger cette excursion de Benjamin de Tudèle au nombre des plus vastes qui aient été exécutées au moyen âge. Benjamin écrivit tout ce qu'il avait vu, et principalement ce qui était intéressant pour sa nation. A la peinture des objets qu'il avait sous les yeux, il joignit quelques traditions locales sur les pays qu'il avait visités Ces traditions qui ont souvent rendu ses relations plus instructives, se retrouvent pour la plupart dans les anciens livres hébreux, particulièrement dans l'Histoire de Joseph ben Gorion, où l'erreur se rencontre à côté de la vérité.

On a donc eu tort d'attribuer ces fables à notre voyageur, et plus encore, de s'en servir pour faire douter de sa véracité. Le voyages de Benjamin portent le cachet de l'authenticité; les dates historiques et géographiques qui s'y trouvent sont parfaitement exactes, ainsi que la plupart des noms d'israélites distingués qu'il mentionne.

(10) L'illustre poète Abou'l hassan Juda ha-Lévi entreprit ses voyages vers 1140.

(11) ה"ר יהוסף האזובי בשם בן עזרא . שהיה שבוי בהודו והיו מאבילין אותו לחם מצה ולא נתנו לו לעולם חמץ :

Sefer Abudirahim, page 81 recto de l'édition d'Amsterdam.

Ces noms peuvent nous servir de jalons pour fixer les limites de ses voyages. Depuis l'Espagne jusqu'en Perse, il nous donne de chaque ville les noms de savants et chefs israélites, s'élevant au nombre de plus de deux cent cinquante, tandis qu'à partir de ce dernier pays, il n'en cite que quelques-uns pour tout le Khorassan, Khéva, les Iles indiennes, la Chine, Khaibar, l'Yémen, la Nubie et l'Abyssinie; ce qui prouve qu'il n'a pas visité ces pays éloignés et qu'il n'en parle que par ouï-dire.

Les fables qu'il rapporte sur ces contrées ne doivent donc pas lui être attribuées, mais bien à ceux qui lui en ont fait le récit. D'ailleurs la plupart de ces contes appartiennent à son temps ; ils se retrouvent dans presque tous les géographes orientaux de cette époque. Aussi une saine critique a-t-elle repoussé avec justice tous les soupçons d'infidélité et de mensonges dirigés contre notre premier voyageur d'Europe, qui, à l'instar de Marco-Polo, mérite d'être réhabilité.

Une particularité de Benjamin qui n'a pas encore été remarquée, c'est que ce grand voyageur observe partout dans ses voyages, pour l'orthographe des noms propres, le langage usuel de la localité qu'il décrit. Dans le midi de la France, il désigne ces noms suivant la prononciation provençale. En Italie, il les rapporte à la manière italienne. En Grèce, en Syrie, en Palestine, dans le khalifat de Bagdad, en Perse, il se conforme à l'expression grecque, arabe, persane, etc. Cette circonstance particulière, qui prouve l'authenticité de ses relations, explique maintes choses jusqu'à présent restées inexplicables. Un seul exemple suffira pour faire apprécier la vérité de cette remarque. Benjamin, en passant par Saint-Gilles, parle du noble Abbamari, intendant du prince *Ramon*. Le premier traducteur, Arias Montanus, qui ne savait pas que *Raymond* en provençal est *Ramon*, et confondant d'ailleurs le *r* avec le *d*, qui ont la même forme en hébreu (12), traduisit ce nom propre par *domino* (13). Constantin l'Empereur, le rendit par *damani* (14), et sa version a été adoptée par tous les autres interprètes de Benjamin, jusqu'à Barratier qui balance entre l'interprétation d'Arias Montanus et celle de Constantin l'Empereur.

« Ce *damon*, dit-il (15), m'est inconnu. Peut-être qu'il faudrait lire *domno*, ou *domino* pour *damon*, qui aura été apparemment le titre qu'on donnait vulgairement au gouverneur, au lieu de *dominus*, c'est-à-dire seigneur. »

(12) ר ד

(13) Itinerarivm Beniamini Tvdelensis, p. 17.

(14) Itinerarium D. Biniaminis, p. 8.

(15) Voyages de Rabbi Benjamin, t. I, p. 16, note 28.

Ceci nous amène naturellement à parler de la langue et du style de notre auteur. Benjamin de Tudèle écrivit ses voyages dans cette langue hébraïque, qui s'est formée depuis que l'hébreu biblique est devenu une langue morte, et qu'on désigne généralement, mais d'une manière impropre, par langue rabbinique, comme s'il n'y avait que des rabbins qui eussent cultivé cet idiôme. Le style de Benjamin est souvent concis et aride; il embarrasse ceux qui ne sont pas familiarisés avec lui. Son livre abonde en termes empruntés aux langues vulgaires en usage chez les différents peuples qu'il a visités, et aux écrits qu'il a mis à contribution.

Parmi les ouvrages en hébreu auxquels il a fait le plus d'emprunts, il faut citer une description des tombeaux des patriarches, des prophètes, des pères de la synagogue et autres célébrités israélites qui remontent au onzième siècle, et dont Abraham Zacut nous a conservé un fragment (16). Cette ancienne description porte le titre de : *Kabbalat zadiké Erez Israël*, c'est-à-dire : Traditions des Pieux de la Terre d'Israël. Tous les détails qu'on trouve sur ce sujet dans les voyageurs juifs, tels que Petachia de Ratisbonne, Samuel ben Simson, Jacob de Paris, etc., ont cette description pour source.

Quant aux choses contemporaines, Benjamin indique plusieurs fois ses autorités. Par exemple en parlant de la découverte des sépulcres des rois à Jérusalem, il dit que Rabbi Abraham, témoin oculaire, lui a raconté cet événement (17).

Ailleurs, à propos de l'histoire d'un Rabbi Moïse, il termine son récit par dire que c'est ce Rabbi Moïse lui-même qui lui a raconté toute cette histoire (18).

Il faut donc distinguer dans les voyages de Benjamin les choses qu'il a vues de celles qu'il a entendues, ce qu'il a composé lui-même de ce qu'il a copié. Pour les premières, Benjamin est un voyageur tout à fait digne de fois: quant aux secondes, il est sujet à l'erreur comme tous ceux qui sont obligés de se fier au dire d'autrui. Cette part de l'erreur une fois faite, l'Itinéraire de Benjamin de Tudèle est le monument le plus intéressant du douzième siècle. Il renferme non-seulement une foule de faits curieux et utiles qu'on cherche vainement ailleurs, mais il fournit en outre des notions de la plus haute importance sur le commerce et l'industrie, sur les relations des peuples de l'Europe avec

(16) A la suite de son Sefer Iuchasin, ms.

(17) Page 24 de l'édition de Constantinople : ורבי אברהם החסיד הזה ספר לי כל אלו הדברים:

(18) Ibid. p. 80 : והוא רבי משה זה ספר לי את כל הדברים האלה

l'Orient au douzième siècle, et il mérite d'être consulté par tous les hommes de lettres. Sans doute cette relation ancienne offre de grandes difficultés, mais ces difficultés ne sont pas de nature à rebuter un homme studieux; un examen réfléchi, une étude critique m'ont donné la plupart de leurs solutions.

IV.

SORT DES VOYAGES DE BENJAMIN AVANT D'ÊTRE ÉDITÉS.

Après la mort de Benjamin de Tudèle, ses voyages furent, pendant deux siècles, entièrement oubliés. Il n'y a personne, que je sache, qui les ait cités ou copiés aux XIIe et XIIIe siècles. Samuel Zarza (19), le premier qui en fasse mention, écrivait en 1368. Mais à partir de cette époque, ils furent assez connus des savants hébraïsans. Il y a même eu un homme de lettres qui les a mis, ce qu'on appelle, en lumière. D'abord il les a divisés en chapitres qui n'existent pas dans l'original, puis il les a, à ce qu'il paraît, augmentés de plusieurs particularités, inconnues à l'auteur. C'est surtout dans la partie de cette relation de voyages qui concerne l'Europe, qu'on trouve ces augmentations.

Cette rédaction, dont on ignore l'auteur, paraît être tombée entre les mains de Salomon ben Virga, car l'histoire qu'il rapporte de David el-Daoud (20) est tirée de Benjamin de Tudèle, d'après la rédaction en question.

Une copie sur parchemin, faite en 1455, se trouve dans mon cabinet de manuscrits. J'en suis redevable à un homme bien cher à mon souvenir, Herz Scheyer, de Mayence. Ce pieux rabbin qui m'a honoré, quoique très-jeune encore, de son amitié, et qui m'a admis au nombre de ses disciples, avait une assez belle collection de manuscrits hébreux, provenant de son frère Michel Scheyer, l'un des plus grands bibliophiles hébreux de son temps. Ces manuscrits, dont il m'avait chargé de faire le catalogue, sont tombés, après sa mort, entre les mains de son fils Baruch Scheyer et de son petit-fils Samuel Bondi.

Voici en quels termes le manuscrit en question indique le nom du copiste et la date de sa transcription, ainsi que le nom du lieu où elle a été faite :

« Ce livre des voyageurs, du savant R. Benjamin de Navarre, fut » achevé par les mains d'Isaac, fils de l'honorable R, Salomon Dalbari, » dont la mémoire soit en bénédiction. Je l'ai terminé, ici à Barlette,

(19) Mekor Chaim, page 123, col. 2 de l'édition de Mantoue.
(20) Schebet Jehouda, § 51, page 25 de l'édition d'Amsterdam.

» le dimanche, le 3me du mois d'elul, 215 du petit comput (17 août » 1455). Louange à Dieu, auteur de l'Univers (21). »

Isaac Dalbari, ou plutôt Isaac del Bari, est un médecin qui nous a laissé plusieurs copies de manuscrits, comme je l'ai indiqué ailleurs (22). Il avait demeuré autrefois à Melfi, où il termina le 15 adar 1er de l'an 5214 de la création, c'est-à-dire, le 13 février 1454, la transcription d'une version hébraïque de Meschullam ben Jona, qui se trouve aujourd'hui à la Bibliothèque nationale de Paris.

Quant à sa copie des voyages de Benjamin de Tudèle, malgré les licences de la rédaction, elle est très-précieuse au point de vue critique. Elle peut servir à rétablir plusieurs passages fautifs et corrompus dans le texte de l'original imprimé, comme on peut en juger par la traduction française que j'ai donnée du premier chapitre (23). Cependant ces corrections ne s'étendent généralement pas au delà de l'Europe, et si on peut en juger par les variations infinies qu'on remarque dans la description de Constantinople, et surtout par les nombreux hellénismes qui s'y rencontrent, on dirait que l'auteur de la rédaction était grec.

Quoi qu'il en soit, il est de fait que la relation de Benjamin était très-répandue à la fin du XVme et au commencement du XVIme siècle. Plusieurs savants d'Espagne et d'Italie la citent et en font des extraits. Le savant Isaac Arama, qui écrivit vers 1495, rapporte (24) ce qui suit :

« Il y a longtemps que Rabbi Benjamin le voyageur a fait connaître » ce qu'il a vu de ses propres yeux dans la cité de Bagdad, la grande » ville, où il y avait plusieurs milliers de juifs. Le jour de la réception » de leur souverain, le Nassi de la famille de David se rend chez lui, » dans un double équipage qu'il possède, et on crie devant lui : Pré- » parez les voies au fils de David! »

J'ai déja parlé des citations de Salomon ben Virga et d'Isaac Abravanel; ce dernier, outre la citation indiquée, fait encore ailleurs (25) mention de Benjamin. Il en est de même d'Abraham Zacut, lequel, dans l'article R. Abba d'Acco (26), donne un extrait des pérégrinations

(21) זה ספר המסעות לחחכם רבי בנימן דנברה נשלם על ידי יצחק בכמ"ר שלמה דאלבארי ז"ל · השלמתי בבליטא יום א' ג' אלול רט"ו לפ"ק תהלה לאל עולם :

(22) *Histoire des Médecins juifs*, tome I, pages 75 et 132.

(23) *Revue Orientale*, tome I, page 118.

(24) *Akedat Itzchak*, page 92.

(25) Zacharie, XII, 7 : וכמו שכתב רבי בנימן במסעותיו שראה אותם שם אבל לא כתב שהיו משפחה רבה כי אם אנשים מיוחדים :

(26) Sefer Iuchasin, page 71 recto de l'édition de Cracovie.

de notre voyageur. Abraham Farissol, le célèbre géographe d'Avignon, le cite également, comme je l'ai déjà rapporté plus haut.

Tous ces écrivains n'en parlent que d'après des exemplaires manuscrits; car bien que l'imprimerie hébraïque fût fort active depuis 1470, les voyages de Benjamin n'étaient pas encore imprimés. Aussi, les extraits faits d'après des exemplaires inédits offrent-ils toujours quelques leçons importantes, que les interprètes ont trop négligées jusqu'aujourd'hui. Ainsi par exemple, la leçon d'Arama sur le nombre des juifs de Bagdad paraît être plus exacte que la leçon de notre relation imprimée, qui ne les porte qu'à mille personnes. Toutefois, Petachia de Ratisbonne, qui passa à Bagdad quelques années plus tard que Benjamin de Tudèle, ne donne pas à la population juive de cette ville plus de mille âmes (27).

V.

PREMIÈRES ÉDITIONS.

Enfin, parut à Constantinople la première édition, in-12, des *Voyages de Benjamin*, en 1543, chez Éliéser, fils de Gerson Soncino (28). Cette édition est précédée d'une préface tirée d'Isaac Abravanel, comme je l'ai déjà fait remarquer plus haut. La renommée que l'imprimerie Soncino a acquise pour ses éditions de livres hébreux, ne se soutint que faiblement par cette nouvelle publication. Des caractères déjà usés ont reproduit le texte d'une manière difficile à lire, et le manuscrit qui a servi de copie, paraît avoir été également assez peu corect.

Douze ans après, 1555, Abraham Usque, qui avait établi une imprimerie hébraïque, espagnole et portugaise à Ferrare, réimprima les *Voyages de Benjamin de Tudèle* (29) sans rien changer. J'ai collationné cette seconde édition avec l'édition princeps, et je n'ai rencontré d'autres variantes qu'à la page 8, où on trouve rétablies les lettres du mot *schoftim*, qui, dans l'édition de Constantinople, sont transposées. Sur le frontispice on voit la marque typographique d'Abraham Usque (une sphère dans un carré avec une bandelette). Sur la bandelette on

(27) *Tour du Monde*, page 26 de l'édition de Paris.

(28) מסעות של רבי בנימן ז"ל נדפס בקושטנדינה יע"ה קרית המלך האדיר שולטן שוליימאן ירום הודו שנת שנים ועשרים למלכו · בבית צעיר המחוקקים אליעזר בכ"ר גרשם שונצינו ז"ל בשנת חמשת אלפים ושלש מאות ושלשה לבריאת העולם :

(29) מסעות של רבי בנימן ז"ל נדפס פה פירא בבית כ"ר אברהם ן' אושקי יצ"ו שנת ש"ו נרחים :

lit le verset 5 du psaume 130 : *J'ai attendu l'Eternel, et j'ai eu mon espérance en sa parole.* D'un côté du carré on voit la lettre A ; de l'autre côté la lettre V, initiales d'Abraham Usque.

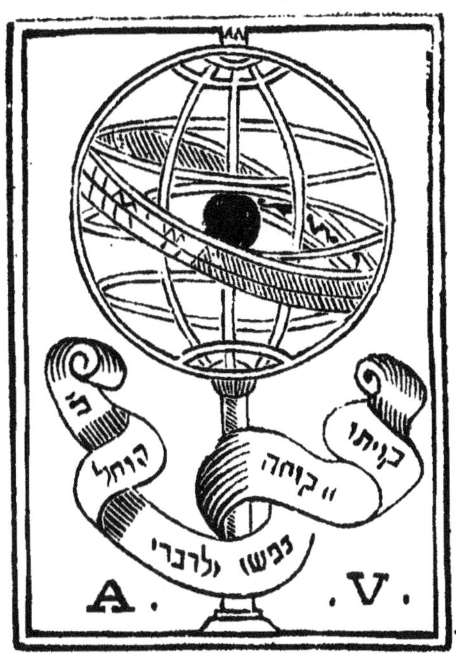

La préface de l'éditeur de Constantinople se trouve, comme dans cette dernière édition, au verso du titre. Dans la dernière page, Usque indique le jour et le mois dans lesquels son travail fut achevé. Voici ses propres paroles :

« Terminé et achevé; louange à Dieu qui a créé le monde. C'est » aujourd'hui le 11 du mois de tisri, année 316 du petit comput (23 » septembre 1555). A Ferrare, qui est sous la domination du duc Don » Hercule d'Est (que Dieu rehausse sa gloire!). Il fut imprimé dans la » maison de l'honorable M. Abraham Usque, Espagnol (que son Créa- » teur le protége!) Dieu nous a aidé jusqu'ici; qu'il nous aide encore » à faire respecter sa loi dans Israël; que nous soyons aussi de ceux qui » auront ramené beaucoup à la justice, et que notre volonté prospère » dans nos mains. Amen ! »

Je me suis étendu sur cette édition, parce que tous les écrivains bibliographiques jusqu'à présent l'ont signalé comme ayant été faite en 1556, erreur répétée par le célèbre de Rossi (30), qui ordinairement est plus exact.

(30) Joh. Bernardi de Rossi, *de typographiae hebraeo ferrariensi*, Parmae, reg. typ. 1780, in 8°.

Ces deux éditions faites dans l'intervalle de douze ans, ont répandu le nom de Benjamin de Tudèle, non-seulement parmi les savants israélites, mais encore parmi les doctes chrétiens; aussi ces derniers ne tardèrent-ils pas à faire connaître, au moyen d'une traduction latine, ces voyages à leurs confrères qui ne possédaient pas la langue hébraïque, ainsi que nous allons le voir au paragraphe suivant.

Israël Sifroni, le savant typographe italien qui dirigea, de 1578 à 1585 l'imprimerie de Bâle et de Fribourg en Brisgau, avait rapporté de sa patrie les *Voyages de Benjamin de Tudèle*, édition de Ferrare. La censure allemande ne lui permit pas de les réimprimer sans modification. Partout où il était question des chrétiens ou du christianisme, il fallait biffer les expressions de l'auteur et les remplacer par d'autres (31).

L'honnête Sifroni, pour indiquer d'une manière quelconque que cette edition avait été châtrée, a changé dès le commencement le nom de R. Samuel le Vieux (*ha-sakan*) en R. Samuel le Chantre (*ha-chasan*), et ce signe servit à reconnaître toutes les éditions, textes ou versions de Benjamin qui ont paru depuis.

Cette édition, au reste, bien que portant dans tous les exemplaires la suscription : « Imprimé dans le pays de Brisgau (32), » est citée tantôt comme une édition de Bâle, tantôt comme une édition de Fribourg, parce que l'imprimerie hébraïque qui fut dirigée par Sifroni était alternativement établie dans ces deux villes.

Le célèbre Joseph-Juste Scaliger, qui avait une très-haute opinion de Benjamin, témoigna vivement du désir d'avoir son ouvrage à quelque prix que ce fût, et raconta la peine infinie qu'il s'était donnée pour se le procurer. Jean Buxtorf, qui lui avait envoyé un exemplaire de notre édition de Sifroni, recevait ses remercîments par une lettre datée de 1606 (33). Ce même exemplaire, nous l'avons vu à la bibliothèque de

(31) C'est ainsi par exemple que les mots suivants ont été changés :

Page	3	verso	מקום קבוץ	pour	מקום טעות
»	5 et 5	»	כל הרוצים	»	כל חטועים
»	9	»	כל הנודרים	»	כל התועים
»	11	»	לנוצרים	»	לערלים
»	»	»	הכהן	»	חכומר
»	12	»	להולכים	»	לתועים
»	30	recto	רוב הנוצרים	»	רוב התועים

(32) מסעות של רבי בנימן נדפס במדינת בריסגויא שנת שמ"ג לפ"ק ע"י הזיפרוני:

(33) Insérée dans son ouvrage intitulée : *Institutio epistolaris hebraica*, Bâle, 1610 et 1612, in-8°.

Leyde où il se conserve encore. Jean Buxtorf, qui n'avait pas une moins haute opinion de notre voyageur que Scaliger, parle de lui avec beaucoup d'estime dans sa Bibliothèque rabbinique (34).

VI.

PREMIÈRES TRADUCTIONS.

Ce fut le savant Arias Montanus qui le premier entreprit l'œuvre glorieuse de traduire les voyages de Benjamin de Tudèle, en latin. Sa version faite en 1574, fut imprimée à Anvers, l'année suivante, par les soins du célèbre Christophe Plantin (35). L'auteur en fait le plus grand éloge.

« Le livre composé par Benjamin de Tudèle, dit-il dans sa préface (36), » fait clairement connaître que non-seulement c'est un auteur d'un » grand mérite, mais encore un témoin bien digne de foi. Parmi les » Grecs et les Latins il n'y eut jamais de géographes à qui le désir de » voir ait fait entreprendre tant de chemin, et se soient livrés à tant de » travaux pour l'achever. La fortune a été si favorable à cet homme » qu'il est venu à bout de faire le tour de la terre, dont il a visité » toutes les parties (si on en excepte les provinces d'Amérique nouvellement découvertes). Il a parcouru tout notre hémisphère, et décrit » lui-même ce qu'il y avait reconnu de plus remarquable. Avec le désir » d'aller voir les juifs qui sont dispersés dans presque tous les pays du » monde, il partit d'Espagne il y a quatre cent et un an, et passa par » la France, l'Italie, la Grèce et la Macédoine; il visita les îles de la » mer Égée ou de l'archipel, la Phrygie, la Pamphilie, l'Arménie, » toute l'Asie Mineure, les différentes contrées de la Syrie, tant celles » de la Palestine que de Damas, se rendit en Chaldée, en Arabie, en » Perse, et pénétra jusqu'à la Chine; de là il passa aux îles méridionales de l'Asie, d'où il aborda en Ethiopie avant de venir en Égypte. » D'Égypte il traversa les déserts d'Arabie, se transporta en Sicile, en » Allemagne, en Bohême, en Prusse, observant exactement la véritable » distance des lieux par où il passait.

» La description qu'il en a fait est si claire et si concise qu'aucun des » anciens n'a jamais fait paraître plus d'art ni plus d'exactitude. Il a

(34) Art. מסעות בנימן

(35) Itinerarivm Beniamini Tvdelensis; in quo res memorabilis, etc. Ex Hebraico Latinum factum Bened. Arias Montano interprete. Antverpiæ, Ex officicia Christophori Plantini. M.D. LXXV. in 8°, p. 114.

(36) *Itinerar*. Beniam. Tudel. ad. præf p. 10.

» indiqué tout ce qui méritait le plus d'être su tant à l'égard des lieux » que des habitants; et pour distinguer le fabuleux d'avec le vrai de » l'histoire, il a expliqué fort doctement et très à propos, selon les » observations qu'il a faites dans les lieux où il en a eu la commodité, » plusieurs termes de l'antiquité qui se lisent différemment, tant à » l'égard des personnes que des villes, ce qui ne peut être que d'une » très-grande utilité pour l'explication des livres et particulièrement » ceux des Saintes-Écritures. »

Malheureusement Arias Montanus, peu versé dans la matière, a commis des fautes considérables. Ce sont surtout les noms propres qu'il a défigurés d'une manière bizarre, soit qu'il les ait mal lus, soit qu'il les ait mal rendus par suite du système vicieux de transcrire les lettres hébraïques en lettres latines. Il est vrai que l'auteur a cherché à diminuer la difficulté de ce système en mettant en marge les principaux noms en hébreu; mais comme la plupart de ses lecteurs n'étaient pas en état de lire ces textes, ses erreurs n'en subsistaient pas moins.

Après Arias Montanus vint Constantin l'Empereur, l'interprète qui a fait le plus de mal à la réputation de Benjamin de Tudèle. Professeur d'hébreu à Harderwyck, puis à Leyde, il a publié pluiseurs livres hébreux accompagnés de traductions latines et de notes plus ou moins exactes. Mais aucun d'eux n'offre autant d'erreurs que l'Itinéraire de notre voyageur qu'il mit au jour en 1633, en trois différentes éditions (37). A partir de ce moment la plupart des savants qui ne travaillèrent plus sur Benjamin que d'après lui, attribuèrent à notre savant toutes les fautes de son traducteur, et le firent tomber dans le mépris.

Déjà en 1634, Pierre Bergeron, qui cinq ans auparavant avait fait l'éloge de Benjamin (38), écrivait sous l'influence de Constantin l'Empereur : « Pour ce qui est du témoignage du juif Benjamin, il semble » d'autant plus suspect que l'on voit que son principal dessin, en sa » relation, est de faire voir que les juifs possèdent des états et royaumes » entiers par le monde, pour tâcher, mais en vain, d'énerver la force

(37) מסעות של רבי בנימין

Itinerarivm D. Beniaminnis, cum Versione et Notis Constantini l'Emperevr ab oppyck, S. T. D. et S. L. P. in Acad. Lugd. Batava. Lugd. Batavorum, Ex officina Elzeviriana 1633, in-12. Le texte hébreu et la version latine ont été imprimée chacun à part in-24.

(38) *Traité de la Navigation*, chap. XIII. Voici ses propres paroles : « Le plus ancien voyage particulier que nous ayons est celui du juif Benjamin Navarois qui, en l'an 1173 vit curieusement la plupart de *l'Europe*, de *l'Asie* et de *l'Afrique*, où il met plusieurs choses remarquables des princes de ce temps-là, comme des khalifs de *Baldac* ou *Bagded*, des empereurs de *Perse*, *Sarasins*, des rois *Turcs* qui commençaient alors, des soudans d'Égypte et autres. Il fait mention là-dedans des pays de *Tubot* ou *Indie* (qui doit être le *Tebet* ou *Tibet* de notre temps), de *Semarchot* ou *Samarcand*, du pays de *Sin*, qui est la *Chine*, de plusieurs iles de *l'Inde orientale*, et de la terre des *Abassins* ou *Abissins*. »

» du passage de l'Écriture qu'on leur objecte si fortement, à quoi ils » ont tant de peine à répondre, ainsi qu'a fort bien remarqué celui qui » nous a nouvellement donné cet Itinéraire plus correct avec sa » version (39). »

Ce n'est pas qu'il n'y en eût quelques-uns qui aient signalé les erreurs de l'Empereur, mais leur voix ne fut pas entendue. On continua donc à répéter, par exemple, que le célèbre Rabbi Salomon ben Isaac dit Raschi était de Lunel en Languedoc (confondant avec un Rabbi Salomon de cette ville), bien que Richard Simon écrivît en 1674 : « Il est vrai que Rabbi Benjamin fait mention dans ces voyages d'un » certain Rabbi Salomon de Lunel, que Constantin l'Empereur prétend » être notre fameux Rabbi Salomon; mais il ne prend pas garde qu'il » était mort avant ce temps là (40). »

Rien ne prouve mieux la prévention des savants du XVIIme siècle contre notre voyageur que l'annecdote suivante rapportée par Pierre le Gallois, dans son *Traité des plus belles bibliothèques de l'Europe* (41). L'auteur, pour accabler Benjamin, a la simplicité de croire que les révolutions de l'Orient n'ont apporté aucun changement à l'état de choses du VIIme siècle. Je cite textuellement.

« Le Rabbin Benjamin soutient qu'on voyait de son temps sur la rive de l'Euphrate le tombeau du prophète Ezéchiel, avec la bibliotèhque du premier et du second temple; néanmoins le sieur Wessel de Groningue, et beaucoup d'autres illustres personnages, qui sont allés exprès en ce pays-là, ont tous unanimement rapporté que c'était une rêverie du Rabbin, et qu'on n'y voyait ni l'un ni l'autre. C'est en vain que je suis allé là, dit le sieur Wessel, puisque les juifs ont mieux aimé perdre tous leurs livres que de lire ce qu'ils ne voulaient pas confesser (42). »

Je n'entreprendrai pas ici de relever toutes les erreur de l'Empereur; il suffit d'en citer une seule pour faire voir que ce savant n'avait qu'une connaissance fort limitée de la langue dans laquelle les voyages de Benjamin de Tudèle sont écrits. En parlant de Rabbi Ascher à Lunel, le voyageur fait oberver que cette ville renferme encore *Rabbi Moïse son beau-frère* (43). Arias Montanus a rendu ce passage par *Magnus Moses Nisus* (44). Mais l'Empereur ignorant la signification du mot *gisso*, le prit pour un nom propre et rendit ce passage par R. *Moses*

(39) Traité des Tartares, chap. XV.

(40) Cerémonies et coutumes de Léon de Modène, préface.

(41) Paris, 1680, in-12.

(42) M. Creppo repète cette absurdité dans sa Notice sur les bibliothèques des hébreux, p. 19.

(43) והרב רבי משה גיסו

(44) Itinerarum Benjamini Tudelensis, p. 16.

Gisso (45) ! Le texte ainsi interprété, la même erreur nous a été transmise par Bara, Barratier, Gerrans et par les divers traducteurs, copistes serviles les uns des autres.

Il n'est donc pas étonnant que l'éditeur de l'édition latine de Helmstadt en 1636 (46), ait préféré la version d'Arias Montanus à celle de Constantin l'Empereur et se soit contenté de donner la dissertation au lecteur de ce dernier, et une liste des passages sur la signification desquels les deux interprètes diffèrent. Cette édition au reste a le mérite de renfermer plusieurs extraits intéressants et de réunir à peu près tout ce qui a été écrit en latin jusqu'alors.

VII.

BENJAMIN DE TUDÈLE A LA FIN DU XVIIe ET AU COMMENCEMENT DU XVIIIe SIÈCLE.

Joseph del Medigo, et Menasseh ben Israël, les premiers savants juifs du XVIIme siècle, ont tous les deux étudié Benjamin. Del Medigo le cite dans sa *Lettre littéraire* à Zarach (47); Menasseh dans son célèbre *Espérança de Israël* (48). Jean Bara, le traducteur hollandais de ce dernier ouvrage, donna en 1666, à Amsterdam, une version hollandaise des voyages de Benjamin de Tudèle, imprimée à la suite de la traduction de l'*Espérance d'Israël* (49). Ce volume est recherché pour le portrait de Menasseh ben Israël par Rembrandt qu'il porte en tête. Quand à la traduction de Benjamin, elle est faite d'après la version latine de l'Empereur et n'offre rien de curieux si ce n'est une particularité qui a donné lieu à faire passer notre voyageur pour un médecin.

En traduisant la préface hébraïque où il est question de Benjamin, il a rendu le mot *rabbin* par *docteur* (50). Sa traduction tomba entre les mains du traducteur hébreu-allemand et éditeur du texte hébreu, qui ne connaissant d'autre *docteur* qu'un *médecin*, a mis gravement sur le titre de ces deux éditions : *Voyages de Benjamin le médecin.*

(45) Itinerarium D. Beniaminis, p. 6.

(46) Itinerarium Beniaminis Tudelensis ex versione Benedicti Ariæ Montani. Helemstadt in typographes Calixtino excudit Henningus Mullerus 1636, petit in-8°.

(47) אגרת אחז composée vers 1620, Breslau 1839, in-8°.

(48) Amsterdam, 1650, in-8°.

(49) De Reysen van R. Benjamin Jonasz Tudelens, in de drie Deelen der Wereld, als Europa, Asia, en Africa. In 't nederduyts overgeschreven door Jan Bara, t' Amsterdam, voor Jozua Rex, boek en atlas binder, 1666, in-24 pp. 106.

(50) Navarrener *Doctor* mit namen Binjamin Jonasz Tudelens.

La première de ces éditions, l'hébreu-allemande, a vu le jour en 1691 à la suite de la traduction de l'*Espérance d'Israël* dans la même langue (51). La manière dont cette version populaire a été faite, rappelle le moyen âge où souvent le traducteur ne savait pas lire l'original. L'éditeur Chaïm ben Jacob, d'Erbuch en Franconnie (52), imprimeur, employé dans l'imprimerie de David de Carasto Tartas, rapporte ainsi l'histoire de cette version, dans sa préface de l'*Espérance d'Israël*. Comme beaucoup de personnes lui avaient manifesté le désir de voir le livre de l'*Espérance d'Israël* et les voyages de Benjamin de Tudèle qui le suivent, traduits en allemand, il s'était adressé d'abord à son confrère Mardochée ben Moïse, l'imprimeur, en le priant de lui transcrire cet ouvrage mot à mot de l'écriture hollandaise en carractères hébreux : après cela, le chantre de la synagogue allemande d'Amsterdam, Eliakim ben Jacob, de Comarna, traduisit l'*Espérance d'Israël* et les voyages de Benjamin du hollandais en allemand-juif.

Plus tard, en 1698, ce même chantre, qui était un homme lettré, traduisit l'*Espérance d'Israël* en hébreu et publia cet ouvrage en le faisant suivre d'une édition hébraïque des Massaot de Benjamin (53), où il avait inséré différentes explications du traducteur hollandais qu'il avait déjà adoptées dans sa version hébreu-allemande. Pendant la première moitié du dix-huitième siècle, les travaux sur Benjamin furent continuées avec la plus grande activité. Tandis que Eisenmenger reproduisait en allemand, dans son *Judaïsme dévoilé*, plusieurs passages de notre voyageur (54), Basnage en faisait un abrégé en français, d'après la traduction latine de Constantin l'Empereur, et l'insérait dans son *histoire des Juifs* (55). Ce livre, publié en 1706, eut un tel succès que l'abbé Dupin le fit réimprimer à Paris en 1710; et de nouveau en 1716 à Rotterdam. Cet abrégé rendit le nom de Benjamin très-populaire, car quoique le jugement de Basnage fût peu favorable

(51) דיזי זיין דיא רייזי פֿון רבי בנימן טודעלנס רופא · וועלכי ער דורך דיא דרייא עקין פֿון דען עולם געררייזט האט גלייך אזיא אפֿריקא עראפּא · גלאזט מעתיק זיין מלשון האלענדיש ללשון אשכנז · ע״י פועל נאמן חיים בלא״א יעקב זצ״ל מק״ק ארבוך במדינת פֿרנקילנד :

(52) Erbuch, est un village cité par J. K. Bundschuch, Geographisches Statisch-Topographisches Lexikon von Franken, Ulm, 1799-1804, 6 vol. in-8° tome 6 p. 713.

(53) מסעות של רבי בנימן הרופא ז״ל שנסע בג׳ חלקי העולם עאירופא אזיאה אפריקא · הביאו לבית הדפוס התורני ר׳ אליקים בהר״ר יעקב ש״ץ ז״ל חזן באמשטרדם · נדפס באמשטרדם בשנת נח״ת לזה מזה לפ״ק · בבית קשפר שטען :

(54) Entdecktes Judenthum, tome II, chapitre 10.

(55) Tome IX, p. 198 à 245.

à notre voyageur, il n'en éveillait pas moins l'attention du monde littéraire. D'ailleurs les erreurs de l'historien furent relevées par plusieurs savants, entre autre par La Croze dans ses *Entretiens sur divers sujets d'histoire et de littérature* (56), etc., publiés à Cologne, en 1711.

La même année, la version hébreu-allemande fut réimprimée à Francfort-sur-le-Mein. Cette nouvelle édition a probablement donné l'idée à un savant de cette ville, Jean-Jacob Schudt, d'étudier Benjamin. Dans ses *Mémoires judaïques*, publiés en 1714, on trouve entre autres (57) une nouvelle explication du nom d'une des villes du Rhin, qu'Arias Montanus rend par *Mustheran* (58) et Constantin l'Empereur par *Munster* (59). Schudt écrit que c'est plutôt *Mayence*. Mais ce savant, sous l'influence de Basnage dont il cite le jugement sur Benjamin (60), n'a pas une haute opinion de la véracité de ce dernier.

Pour bien juger Benjamin il ne fallait pas s'en rapporter à Basnage, qui n'a travaillé que d'après la traduction de Constantin l'Empereur, mais il fallait remonter à l'original hébreu. Ce que Schudt n'avait pas fait en 1714, un savant français, Renaudot, le fit en 1718; aussi son jugement est-il tout-à-fait en opposition avec celui de Schudt, de Basnage et de l'Empereur. Dans sa lettre au P. Le Long voici ce qu'il dit au sujet de l'*Itinéraire* de Benjamin (61) : « Si l'on croit pouvoir » s'en servir, il faut le lire en hébreu; car les deux traducteurs Arias » Montanus et Constantin l'Empereur qui ont voulu le corriger, et qui » n'en étaient pas capables, ont tellement estropié la plupart des noms » propres, qu'ils ne sont pas reconnaissables. »

Ailleurs (62), en répétant le même jugement contre Arias Montanus et l'Empereur, il cite plusieurs erreurs et bévues dont ces traducteurs inhabiles se sont rendus coupables. Comme ses observations sont peu connues, je les reproduirai textuellement ici :

« Benjamin, qui avait voyagé dans une grande partie de l'Orient, et dont on a une relation abrégée où il y a des choses très-curieuses et véritables, n'est pas un auteur méprisable comme l'ont voulu faire croire quelques savants qui ne l'ont pas entendu, savants à la tête desquels il faut mettre ceux qui entreprirent de le traduire, tels que Arias Mon-

(56) Cette même édition a reparu soixante ans après avec ce nouveau titre : *Entretien sur divers sujets d'histoire et de religion*, entre mylord Bolingbroke et Isaac Orobio rabbin des juifs portugais à Amsterdam. Londres 1770.

(57) *Jüdische Merckwürdigkeiten*, tome I, page 441.

(58) *Itinerarium Beniamini*, page 112.

(59) *Itinerarium D. Benjaminis*, page 128.

(60) *Jüdische Merkwürdigkeiten*, tome II, page 305.

(61) Desmolets, *Mémoires de littérature et d'histoire*, tome II, pages 307 et 308.

(62) *Anciennes relations des Indes et de la Chine*, préface.

tanus et après lui Constantin l'Empereur. Ils avaient travaillés l'un et l'autre sur l'édition faite à Constantinople, qui estant un peu fautive et assez peu nette, pouvoit embarrasser ceux qui ne sçavoient point la matière.

« Arias Montanus fit des fautes énormes dans sa traduction, que le traducteur hollandais n'a pas apperçues, et l'un et l'autre ayant mal lu plusieurs noms propres de villes, de peuples et de provinces, en ont formé d'imaginaires. Ainsi, on trouve partout la province d'*Elimman*, qui n'exista jamais, au lieu d'*Eliemen* (63), qui est l'Arabie heureuse, et un grand nombre de fautes semblables; *Dougslin*, peuple inconnu, au lieu de *Druzim*, les Druzes; l'île de *Nikrokis* (64), des *Hachische*-peuples qui coupoient les princes avec une scie, et cent autres de cette nature. Arias Montanus a laissé à ses lecteurs le soin de développer ces difficultés; mais Constantin l'Empereur, avec un grand air de capacité, voulant esclaircir son auteur, a joint à sa traduction des notes chargées de citations arabes et hébraïques entièrement inutiles, car elles ne sont pas tirées des écrivains originaux, ni des géographes ou historiens dont il ne connaissait aucun, sinon la géographie de Nubie, et Elmacin, que souvent il n'a pas entendu. Par exemple il reprend Benjamin de ce qu'il s'est trompé sur le calife d'Égypte qui régnait de son temps, parce qu'il en trouve un autre nommé par Elmacin de la famille des Abassides. Or, c'est ignorer les premiers éléments de l'histoire mahométane que de ne pas sçavoir qu'en Égypte les Fatimites, maîtres du pays, s'estaient déclarés califes, ayant renoncé à l'obéissance des Abassides, qu'ils regardaient comme usurpateurs de l'empire et du pontificat. »

VIII.

NOUVELLES TRADUCTIONS.

De nouvelles traductions des *Voyages de Benjamin de Tudèle* se multiplièrent dans le courant de la première moitié du dix-huitième siècle. Pierre van der Aa, l'infatigable géographe et libraire-éditeur de Leyde, publia un *Recueil de divers voyages faits en Tartarie, en Perse et ailleurs*, Leyde 1729, 2 vol. in-4°, avec cartes et figures (65). Le premier voyage de ce Recueil est la Relation de Benjamin de Tudèle, d'après la traduction latine d'Arias Montanus.

(63) El-Yemen.
(64) L'île nommé Kisch. *Nikra* en hébreu veut dire *nommée*.
(65) Comparez Jo. Chr. Wolfii, *Biblithecæ Hebraeæ*, tom. IV, p. 798.

Cette traduction française est citée dans la préface de Barratier, écrite le 24 juin 1733. La mort de l'éditeur ayant nui au débit de cette collection, Neaulme, libraire de la Haye, l'acheta des héritiers et la fit paraître sous un titre nouveau : *Voyages faits principalement en Asie dans les douzième, treizième, quatorzième et quinzième siècles, par Benjamin de Tudèle, F.-J. du Plan Carpin, F. Ascelin, Guillaume de Rubruquis, Marc-Paul Vénitien, Haiton, Jean de Mandeville et Ambroise Contarini*, La Haye, 1735, 2 vol. in-4°, cartes et figures (66).

Cette version française fit bientôt place à la nouvelle traduction de cet enfant merveilleux, Barratier, publiée à Amsterdam en 1734, 2 vol. in-8°, avec des dissertations et des notes pleines d'érudition, mais d'une érudition mal digérée. Car tout en y relevant plusieurs erreurs de ses devanciers, il répète les autres et ne soupçonne pas même quelques-unes déjà corrigées par Renaudot. Sous l'influence de son père, pasteur de l'église française à Schwabach, le jeune étudiant en théologie fait, dans un volume de dissertations, plutôt une guerre au judaïsme qu'à Benjamin. Ses armes sont empruntées au trop célèbre *Judaïsme dévoilé* d'Eisenmenger, et d'autres livres des ennemis des juifs.

Néanmoins, la traduction de Barratier est la meilleure qui ait paru jusqu'à présent, car dès que son esprit n'est plus sous l'influence de sa croyance, ses observations sont marquées au coin d'une saine critique. Il a divisé sa version en vingt-quatre chapitres; division qui n'existe pas dans l'original, et il y a ajouté un tableau du dénombrement des juifs que Benjamin avait trouvés dans ses voyages, ainsi qu'une liste des rabbins que l'auteur dit avoir vus dans les divers lieux où il a passé. Les Dissertations, au nombre de huit, sont la partie faible de l'œuvre de Barratier.

En 1740, parut à Amsterdam un abrégé de Benjamin en hébreu-allemand, par Menachem Mann Lévi (67). L'auteur s'est servi, pour cet opuscule, de la version hébreu-allemande, et il donne également à Benjamin de Tudèle la qualité de médecin. Un autre abrégé de nos voyages, d'après la traduction française de Barratier, a été fait en danois par Holberg, abrégé qui a été reproduit en 1747, en allemand (68).

Vers la même époque, Harris nous a donné, en anglais, un extrait de Benjamin, sous le titre : *Voyages du rabbin Benjamin, fils de Jonas de Tudèle, en Europe, en Asie et en Afrique, d'Espagne jusqu'en Chine*,

(66) Eyriès, art. *Bergeron*, dans la *Biographie Universelle*.

(67) Inséré dans son שארית ישראל, chapitre 14.

(68) Voyez Ludwig Holbergs, *Jüdische Geschichte*, von Erschaffung der Welt bis auf gegenwaertige Zeiten. Altona und Flensburg, 1747 in-4°, tome II, page 588 et suiv.

depuis 1160 jusqu'à l'année 1173, d'après les versions latines de B. Arias Montanus et Constantin l'Empereur, comparées à d'autres traductions en diverses autres langues (69).

Déjà vers 1620 avait paru en anglais une traduction abrégée de l'Itinéraire de Benjamin de Tudèle, d'après la version latine d'Arias Montanus; en voici le titre : *Voyages de Benjamin, fils de Jonas le juif, écrits en hébreu, traduits en latin, par B. Arias Montanus. Exposant l'état des juifs et du monde tel qu'il existait il y a environ 460 ans* (70).

Parmi les abrégés faits des Voyages de Benjamin, pendant la première moitié du dix-huitième siècle, il ne faut pas oublier l'abrégé français que nous a donné le savant abbé Fleury, dans son *Histoire ecclésiastique* (71). Il est fort bien fait et se distingue d'un autre dans la même langue, entièrement altéré (72). Mais ce n'est pas ici seulement que Benjamin de Tudèle a été défiguré; un fameux voyageur, Gerson Jüdels, de Prague, dans la relation de son voyage en Palestine (73), publiée en 1630, l'a souvent, sans le nommer, contrefait et défiguré d'une manière inconcevable.

IX.

AUTRES TRAVAUX SUR BENJAMIN AU XVIIIe SIÈCLE.

L'ardeur des études sur Benjamin de Tudèle ne se ralentit pas pendant la seconde moitié du XVIIIe siècle. Jean-André-Michel Nagel écrivit quatorze dissertations sur notre voyageur et donna, en 1762, à Altdorf, une nouvelle édition du texte hébreu, à l'usage des élèves de l'Université de cette ville (74). C'est une fidèle réimpression de l'édition de Constantin l'Empereur, en caractères carrés, comme cette dernière.

(69) The Travels of R. Benjamin, the Son of Jonas of Tudela, through Europe, Asia and Africa, from Spain to China, from 1160 to 1173. From the Latin Versions of B. A. Montanus and Constantine l'Empereur, compared with other Translations into different Languages.

(70) The Peregrinations of Benjamin the Sonne of Jonas a Jew, written in Hebrew, translated into Latin by B. Arias Montanus. Discouring both the state of the Jews and of the world, about foure hundred and sixtie yeeres since.

Cet abrégé se trouve dans le 1er volume page 546 à 555 de la Collection de Voyages par terre et par mer de Harris, Londres 1744 à 1748 in-fol.

(71) Tome XV, p. 534 de l'édition de Paris, 1721, in 12.

(72) Dulignon, *Bibliothèque judaïque*, p. 85.

(73) גלילות ארץ ישראל

(74) מסעות של רבי בנימן . נדפסו בעיון יוחנן אנדריאס מיכאל נאגיל לתועלת תלמידיו פה ישיבה מהוללה אלטדורף בשנת אתש״סב בבית מדפיס מהיר ומשובח יוחנן אדם היזיל :

Deux années après, en 1764, on réimprimait aussi à Leipzig la version latine d'Arias Montanus avec tout ce qui se trouve dans l'édition de Helmstadt (75). Ces travaux furent annoncés dans les journaux avec détails. Des esprits tels que Voltaire et Gibbon ne pouvaient rester étrangers à un voyageur aussi ancien que notre Benjamin de Tudèle. Voltaire invoque souvent son témoignage (76), surtout dans ses études sur la Bible (77). Il connaissait les deux traductions françaises, et voici le jugement qu'il en porte en même temps que son opinion sur l'original.

« La relation du rabbin Benjamin, dit-il, ne fut traduite en notre langue qu'en 1729, à Leyde; mais cette traduction étant fort mauvaise, on en donna une meilleure en 1734, à Amsterdam. Cette dernière traduction est d'un enfant de onze ans, nommé Barratier, Français d'origine, né dans le margraviat de Brandebourg-Anspach. Nous avons quatre dissertations de lui, qui feraient honneur à Bochart, ou plutôt qui l'auraient redressé..... Son père, ministre du saint *Évangile*, l'aida un peu dans ses travaux; mais la principale gloire est due à cet enfant.

« Peut-être même ce singulier traducteur, et ce plus singulier commentateur, méprise trop l'auteur qu'il traduit; mais enfin il fait voir qu'au moins Benjamin de Tudèle n'a point vu tous les pays que ce juif prétend avoir parcourus. Benjamin s'en rapporta sans doute, dans ses voyages exagérés, emphatiques et menteurs, aux discours que lui tenaient des rabbins asiatiques, empressés à faire valoir leur nation auprès d'un rabbin d'Europe..... Benjamin probablement alla jusqu'à Bagdad et à Bassora. C'est là qu'il apprit des nouvelles de l'île de Ceylan, et on l'a condamné très-mal à propos d'avoir dit que l'île de Ceylan, qui est sous la ligne, est sujette à d'extrêmes chaleurs.

« Enfin son livre est plein de vérités et de chimères, de choses très-sages et très-impertinentes, et en tout c'est un ouvrage fort utile pour quiconque sait séparer le bon grain de l'ivraie (78). »

Gibbon, qui avait aussi lu Benjamin dans Barratier, s'exprime en 1777 en ces termes (79) :

(75) Benjaminis Tudelensis Itinerarium ex Versione Benedicti Ariæ Montani. Subjectæ sunt Descriptiones Mechæ et Medinæ — Alnabi. Ex Itinerariis Ludodici Vartomanni et Johannis Wildii. Præfixa vero Dissertatio ad Lectorem, quam suæ editioni præmisit Constantinus l'Empereur et nonnullæ ejusdem Notæ. Lipsiae apud Joann. Michael. Ludov. Teubner MDCCLXIV, in-8°.

(76) Œuvres complètes de Voltaire, Paris, Desoer 1817, tome IV, p. 93 et 94.

(77) Ibidem, tome VI, page 1062, 1070 et ailleurs.

(78) Œuvres complètes, tome VI, pages 1201 e 1202.

(79) *Decline and Fall*, chap. 53. Ce passage ayant été supprimé en partie dans les traductions françaises de Gibbon, je transcris ici le le texte : « The hebrew text has been translated into french by that marvellous Child Barratier, who has added a volume of crude learning! It is hardly worth while, here to enter into the question whether young Barratier made the translation without the

« Le texte hébreu a été traduit en français par ce merveilleux enfant, Barratier, qui y a joint un volume d'érudition novice. Il ne vaut presque pas la peine d'entrer ici dans la question de savoir si le jeune Barratier traduisit, sans secours d'un érudit plus expérimenté; mais il est à déplorer que même un enfant ait été influencée par ses maîtres contre tous ceux qui professent une autre foi que la sienne. Il résulte de ses notes qu'il se défiait du témoignage des catholiques romains et des juifs à cause de leur croyance religieuse, et il ne serait pas difficile de prouver que ses soupçons en général dérivent seulement de l'ignorance. »

En 1783, Aaron ben Meschullam Zalman fit paraître dans son imprimerie hébraïque à Soultzbach, une nouvelle édition du texte de l'Itinéraire de Benjamin de Tudèle (80), d'après l'édition de l'Empereur ou de Nagel, à ce qu'il paraît. L'année suivante le prédicateur Gerrans publia à Londres une nouvelle traduction anglaise du voyage de Benjamin de Tudèle (81); voici la version littérale du long titre de cette production littéraire :

« Voyage du Rabbin Benjamin, fils de Jonah de Tudèle, en Europe, en Asie en Afrique, de l'ancien royaume de Navarre aux frontières de la Chine. Fidèlement traduit de l'original hébraïque et enrichi d'une dissertation et de notes critiques, historiques et géographiques. Dans ce livre, le vrai caractère de l'auteur et le but de son ouvrage sont examinés d'une manière impartiale. Par le révérend R. Gerrans, prédicateur de Sainte Catherine-Coleman et second professeur en l'école publique de grammaire de la reine Elisabeth, à Saint-Olave, Southwark. Cet auteur florissait vers l'an 1160 de l'ère chrétienne; il fut estimé des juifs et d'autres admirateurs de la science rabbinique; souvent il a été cité par les meilleurs orientalistes que cette nation ou toute autre ait jamais produits; mais jamais, à la connaissance de l'éditeur, il n'a été entièrement traduit en anglais, ni par un juif, ni par un gentil. Londres, 1784, in-8°. »

S'il est vrai, comme l'annonce le titre, que Gerrans a fait sa traduction d'après le texte hébreu, il a du moins pris pour guide Barratier,

aid of some more experienced scholar, but it is to be regretted that even a child should have been biassed by his teachers against all persons professing another creed than himself. From his notes it appears that the testimony of roman catholics and jews were suspected by him because of their religions belief and it will be no difficult task to prove that his suspicions generally arise from ignorance only. »

(80) מסעות של רבי בנימן · נדפס בק"ק זולצבאך בבית הדפוס כה"רר אהרן בן כה"ר משלם זלמן ז"ל בשנת תקמ"ג לפ"ק :

(81) Travels of Rabbi Benjamin, Son of Jonah of Todela. London MDCCLXXXIV, in-8°.

car non-seulement il reproduit les mêmes erreurs que ce jeune érudit, mais il adopte aussi les mêmes divisions. La dissertation placée en tête de la traduction n'est qu'un abrégé des dissertations de son guide, e ses notes n'offrent rien de mieux que ce qu'on savait déjà par so devancier français.

Un autre savant de cette époque, Mathias Christian Sprengel, s'es aussi inspiré des travaux de Barratier en traçant dans son *Histoire des principales découvertes géographiques jusqu'à l'arrivée des Portugais* (82), le caractère des voyages de Benjamin de Tudèle.

Après avoir cité plusieurs noms que, selon lui, il est impossible d'éclaircir, il parle aussi d'autres noms défigurés, seulement par les copistes, qui ont pris une lettre hébraïque pour une autre et qu'on peut facilement rétablir. Cependant, la liste qu'il donne en notes de quelques-uns est mal choisie et peu exacte.

De pareils travaux ne pouvaient que faire tomber Benjamin dans le mépris où nous le trouvons à la fin du XVIIIe siècle. « A peine en croit-on ses yeux quand on lit Benjamin de Tudèle, » s'écrie le célèbre abbé Grégoire dans son *Essai sur la régénération des juifs* (83), publié en 1788. « Il est maintenant à peu près reconnu, écrit d'Israeli dans ses *Curiosités littéraires* (84), que les voyages en hébreu par Rabbi Benjamin de Tudèle, sont de pure invention; il en décrit qu'il a indubitablement faits en bonnet de nuit; car c'est un véritable rêve! »

X.

BENJAMIN DE TUDÈLE AU XIXe SIÈCLE.

Notre siècle, si curieux et si érudit, ne pouvait oublier Benjamin de Tudèle. Nous voyons, en effet, que dès son début Chateaubriand s'occupa beaucoup de notre voyageur dans son *Itinéraire de Paris à Jérusalem*. Il possédait la traduction latine d'Arias Montanus et la version française qui en a été faite ensuite. Ce qu'on remarque d'abord dans cet écrivain, plus brillant que savant, c'est que tandis que dans l'introduction (85), il rapporte le voyage de Benjamin de Tudèle à l'an 1170, il ne parle plus de lui dans le corps de l'ouvrage que comme d'un voyageur du treizième siècle. « J'ai relevé, dit-il (86), la plume à

(82) Geschichte der Wichtigsten geographichen Entdekungen bis zur Ankunft der Portugiesen, page 277 de la seconde édition, Halle 1792, in-8°.

(83) Chapitre XXV, page 172.

(84) Art. Des *Impostures littéraires*.

(85) Édition de Paris, 1811, in-8°, page XXXj.

(86) Ibidem, tome II, page 318 et suiv.

la main, les nombres donnés par le voyageur, et j'ai trouvé sept cent soixante-huit mille cent soixante-cinq juifs dans l'Afrique, l'Asie et l'Europe. Il est vrai que Benjamin parle des juifs d'Allemagne sans en citer le nombre, et qu'il se tait sur les juifs de Londres et Paris. Portons la somme totale à un million d'hommes; ajoutons à ce million d'hommes, un million de femmes et deux millions d'enfants : nous aurons quatre millions d'individus pour la population juive, au treizième siècle..... Voici le tableau tel que je l'ai composé d'après l'Itinéraire de Benjamin. Il est curieux d'ailleurs pour la géographie du moyen âge; mais les noms de lieux y sont souvent estropiés par le voyageur : l'original hébreu a dû se refuser à leur véritable orthographe dans certaines lettres; Arias Montanus a porté de nouvelles altérations dans la version latine, et la traduction française achève de défigurer ces noms, etc. »

Boucher de la Richaderie (87), La Renaudière (88) et surtout Malte-Brun (89) ont également écrit sur notre voyageur. Mais ce dernier ne fait que reproduire les assertions de Sprengel, et cite encore, par exemple, comme impossible à éclaircir en aucune manière, l'île de *Nikrokis* dans le golfe Persique, quoique Renaudot l'eût déjà expliquée plus d'un siècle auparavant.

En Angleterre, M. Pinkerton reproduisit dans sa *collection générale des meilleurs et des plus intéressants voyages* (90), l'abrégé anglais des voyages de Benjamin de Tudèle, cité plus haut. Mais il enrichit cet abrégé de plusieurs remarques et observations, dans lesquelles il rendit assez de justice à l'auteur. Ce qu'il admire le plus dans Benjamin, c'est que l'on ait pu voyager aussi loin au douzième siècle. En Allemagne le docteur Mardochée Bondi se proposa de donner, en 1817, une traduction allemande des voyages de Benjamin de Tudèle, avec des notes et des éclaircissements (91), mais il n'a jamais exécuté ce projet.

La réaction contre les juifs qui eut lieu alors dans ce dernier pays, contribua beaucoup à la célébrité de notre voyageur, parce qu'on le cita pour et contre ses frères en religion. Je me borne à mentionner un seul passage de l'un des plus zélés défenseurs des Israélites, M. Bail. Dans son livre *Des Juifs au dix-neuvième siècle* (92), il parle ainsi de

(87) Bibliothèque Universelle des Voyages, tome Ier, page 35.

(88) Biographie Universelle de Michaud, article *Benjamin*.

(89) Précis de la Géographie Universelle, Livre 19, tome Ier, page 207, de l'édition de Bruxelles.

(90) General Collection of the best and most interesting voyages and Travels of the world. London 1808-14, in-4°, tome VII.

(91) Voyez Iedidia, tome II, page 200.

(92) Page 131 de la 2me édition, Paris 1816, in-8°.

Benjamin de Tudèle : « Les relations de ses voyages jettent beaucoup » de lumière sur les usages et les mœurs de divers peuples à cette » époque ; elles sont d'autant plus intéressantes, que depuis l'*Itinéraire* » *d'Antonin*, on n'avait point eu de descriptions aussi exactes. » Ce même auteur, en concourant cinq ans plus tard au prix proposé par l'Académie des inscriptions et belles lettres de l'Institut de France, porta un jugement tout à fait en opposition avec celui-ci (93).

M. Arthur Beugnot, qui a aussi concouru à ce prix académique et dont l'ouvrage a obtenu une mention honorable, adopte sans réserve sur notre voyageur, le jugement de Barratier, que Benjamin n'est point un voyageur, mais un compilateur, qu'il n'a vu presque aucun des endroits où il dit avoir été (94).

On pardonne aisément à un savant de suivre un traducteur à défaut de l'auteur original ; mais on n'en peut faire autant à l'égard d'un écrivain qui prétend ne travailler que sur les originaux. M. Jost a publié une Histoire des Israélites d'après les sources : c'est du moins ce qu'on lit au frontispice de son livre, et il a bien fait de le dire, car personne ne s'en serait douté. Les fautes énormes dans lesquelles il tombe à chaque page prouvent qu'il n'a pas même consulté les livres qu'il cite, témoin Benjamin de Tudèle. Au sujet de notre voyageur il dit (95) que Beugnot l'a bien jugé ; qu'il n'a jamais fait les voyages qu'il prétend avoir exécutés, parce que, ajoute-t-il, étant à Rome, il n'avait pas vu le pape, dont il ignorait même le nom. Or, toutes les éditions, toutes les traductions de Benjamin nous donnent le nom du pape *Alexandre* (96) ; et voilà comme on écrit l'histoire !

En 1825, David Ottensoser, autre historien des juifs, se contenta de donner un abrégé des voyages de Benjamin de Tudèle (97), copié dans

(93) État des Juifs en France, en Espagne et en Italie, page 110.

(94) Les Juifs d'occident, 3me partie page 105.

(95) Geschichte der Israeliten, tome VI, page 370.

(96) Cette inconcevable manière d'en imposer au lecteur, est le caractère distinctif de M. Jost. En voici encore un exemple parmi mille. Tous les historiens juifs, Scherira Gaon, תשובת p. 38, de l'édition de Berlin ; Abraham ben Daoud, ספר הקבלה Venise 1546, page 30 ; Zacut ספר יוחסין, page 117 ; Gedalia ben Iachia, שלשלת הקבלה page 38, et David Gans צמח דוד page 25, rapportent qu'en 540 tous les écoles juives en Perse furent fermées par l'ordre du roi (Chosroès). Abraham ben Daoud et après lui les autres historiens ajoutent que ces écoles restèrent fermées environ cinquante ans jusqu'en 589. Basnage, qui suit exactement l'historien Gans lequel a été traduit en latin par Vorstius, écrit dans son Histoire des Juifs (tome VIII, page 282), d'après Gans, que Chosroès ferma toutes les Académies des juifs *An. Christi* 540 *ad* 589. Malgré tout cela, M. Jost (tome V, page 274), ose s'inscrire en faux contre Basnage et soutenir que Chosroès n'a jamais fermé les écoles des juifs et que personne n'a dit quelque chose de semblable avant Basnage !

(97) געשיכטע דער יהודים, tome III, page 45 et suiv.

l'histoire de Holberg. Il avait pourtant entre les mains le texte des voyages, édition d'Altdorf, d'après lequel il faisait ses citations (98).

En 1830, pour procurer de l'ouvrage aux imprimeurs, le gouvernement français fit réimprimer l'ancienne version française de Benjamin de Tudèle insérée dans la collection de Van der Aa. Un exemplaire de cette dernière édition m'étant tombé entre les mains, j'en trouvai la traduction si mauvaise, qu'elle me suggéra la pensée d'en donner une nouvelle, comme je l'ai annoncé, lors de la publication des voyages de Petachia de Ratisbonne, en 1831.

Cependant je rencontrai tant de difficultés dans cet ancien voyageur, qu'avant de songer à le traduire, il fallut d'abord résoudre ces difficultés et m'entourer de tous les travaux critiques de mes devanciers. A cette fin je rédigeai, dans les derniers mois de 1831, une série de questions, que j'adressai aux savants pour en obtenir la solution. Cela traîna en longueur, et mon travail ne fut entièrement terminé qu'en 1839. J'avais déjà traité avec un libraire de Paris pour son impression, lorque je reçus la lettre qu'on va lire.

XI.

IMPOSTURE LITTÉRAIRE.

Berlin, le 15 mai, 1839.

Au Rév. M. Carmoly, à Bruxelles.

Monsieur,

Je m'occupe d'une nouvelle édition et d'une traduction anglaise de l'ouvrage connu sous le titre de : *Voyages de R. Benjamin de Tudèle* ; par la préface de votre Petachia je savais que vous aviez l'intention de publier le même livre ; j'avais dès lors prié mon ami, M. Méline de Bruxelles, de s'informer du point où vous étiez arrivé dans votre travail ; mais j'apprends aujourd'hui que vous avez envoyé votre manuscrit à Mme Dondey-Dupré, et qu'il est sous presse. Permettez-moi de vous demander, Monsieur, si vous avez découvert et recueilli quelques manuscrits de l'ouvrage en question, et si votre but est de donner un nouveau texte ou une nouvelle traduction. Si ma première conjecture était réelle, je différerais la publication de mon travail jusqu'à celle du vôtre, qui, à en juger par le Petachia, épuisera, sinon entièrement, du moins en partie, toutes les recherches à cet égard. Mais si vous ne vous étiez attaché qu'à la traduction française, je pourrais mettre sous presse dès à présent. Peut-être daignerez-vous me communiquer

(98) Comparez pages 46, 47 et 48

le résultat de vos recherches en tant qu'elles concernent le texte ; car je n'ai jamais rien vu de plus falsifié.

Je vous prie de me pardonner ces demandes et de m'accorder une prompte réponse par l'entremise de M. Méline.

Croyez-moi, Monsieur, votre obéissant serviteur,

ASHER.

N.-B. Votre ouvrage aura-t-il beaucoup de notes?

Châtiez-vous l'Empereur, Barratier et Gerrans? Quant à moi, je me propose de le faire.

Dans une seconde lettre du 20 novembre 1839, M. Asher, après m'avoir annoncé qu'un premier volume de son livre, contenant le texte, la traduction et une bibliographie de Benjamin de Tudèle, serait prêt dans le courant du mois de décembre, me presse de lui fournir des notes pour un second. Mais, outre que je ne savais pas sur quoi devaient rouler ces notes, M. Asher ne m'ayant présenté aucune difficulté à résoudre, aucune leçon à rectifier, l'engagement que j'avais pris avec le libraire de Paris ne me permettait pas de répondre au désir du libraire de Berlin. Celui-ci prenant probablement mon refus pour de la mauvaise volonté, m'attaqua et me fit attaquer dans des journaux et des brochures par des anonymes, des pseudonymes et quelques docteurs à gages, qui débitèrent sur mon compte des choses qui m'ont fort amusé.

Cependant, le bruit que M. Asher sut faire de son livre par de longues et brillantes annonces et par des réclames sans cesse renouvelées, effraya tellement mon éditeur, qu'il n'osa point hasarder la publication de mon travail. Hélas! toutes ces belles promesses, toutes ces pompeuses réclames, toutes ces bruyantes annonces s'évanouirent à l'apparition de l'œuvre. Singularité littéraire, unique peut-être dans les annales des lettres, ce livre offre des notes en discordance flagrante avec la traduction, qui à son tour est en guerre ouverte avec le texte. De plus, il y a supercherie, imposture, mensonge.

En parlant, dès le début de son travail, de la seconde édition de l'Itinéraire de Benjamin, il dit (99) ;

« Cette seconde édition est peu-être plus rare encore que la précédente, et d'autant plus nécessaire à la critique du livre qu'elle a été évidemment publiée d'après un manuscrit différent. Le texte en est bien plus pur, et ses variantes offrent un sens là où l'autre était trop altéré pour être intelligible. Malheureusement cette édition était incon-

(99) The Itinerary of Rabbi Benjamin of Tudela, vol. I, page 3

une des premiers traducteurs, B. Arias Montanus et l'Empereur; ils eussent commis moins de méprises, émis un jugement plus exact sur notre auteur, s'ils avaient pu comparer cette édition avec celle de Constantinople. Elle a été prise pour base de l'édition actuelle et de la traduction. »

Fausseté et tromperie! D'abord l'édition de Ferrare, comme nous l'avons vu plus haut (100), n'est que la réimpression de celle de Constantinople; elle ne renferme ni texte plus pur, ni variante quelconque; puis elle n'a servi de base, ni pour le texte de la nouvelle édition, qui n'est que la reproduction de celle de l'Empereur avec toutes ses erreurs et toutes ses interpolations; ni pour la nouvelle traduction, qui ne suit aucun texte. La date seule assignée par le libraire de Berlin à cette seconde édition (101) prouve déjà qu'il ne l'a pas même vue.

Autre fausseté: En citant la première édition, M. Asher déclare qu'elle est d'une telle rareté que, malgré ses efforts, il n'a pu en découvrir un seul exemplaire (102). Cependant une page plus haut (103), il dit que que la lettre *C* qui accompagne les variantes du texte, indique la première édition de Constantinople. Or, quelles peuvent être les variantes d'après un ouvrage qu'on ne connaît pas? Elles doivent être nécessairement, comme elles le sont en effet, imaginaires et fausses.

Je passe à la logique de M. Asher. De la première édition, qui n'est que rare, il n'a pas, malgré tous ses efforts, trouvé un exemplaire; mais de la seconde, qui est plus rare, il est parvenu à s'en procurer un (104).

Nous rencontrons souvent parmi les variantes du texte, la lettre *F*, indication de l'édition de Ferrare, et à côté de l'*F* un *C*, marque de l'édition faite à Constantinople, afin de montrer que son texte n'est fait ni d'après l'édition de Ferrare, ni d'après celle de Constantinople. Mais alors d'après quelle autorité notre libraire, qui avoue n'être en possession d'aucun manuscrit, corrige-t-il donc son texte? On n'en sait rien, il n'en dit mot nulle part. Cependant, à en juger par sa traduction, il a dû prendre un autre texte, inconnu, mystérieux, car cette version doit être considérée plutôt comme faite d'après un nouveau texte, que comme la traduction d'un texte connu avant lui. En voici quelques preuves :

Toutes les éditions, tant celles du texte que celles des traductions

(100) § V, page 14.

(101) 1556 au lieu de 1555. Voyez ci-dessus, page 15.

(102) The Itinerary of Rabbi Benjamin, page 2.

(103) Ibidem page XII.

(104) This second edition is perhaps rarer still than the first

dans les diverses langues, portent le nom de *Simon-Potamo* sur la route de la Grèce, en Valachie. M. Asher, lui-même, dans son texte, page 17, donne également ce nom. Cependant sa traduction, porte page 48, *Zeitun*, nom qui ne se trouve dans aucun texte, ni dans aucune version de Benjamin.

Ailleurs, page 119 de la traduction, il y a *Shat-el-Arabe*, au lieu de *Nahr-Samara*, et cela en contradiction avec son propre texte qui porte, comme toutes les éditions, *Nahr-Samara*. Mais au point de vue des turpitudes littéraires, voici comment M. Asher montre le bout de l'oreille :

Benjamin, en parlant du khalife régnant lors de son passage à Bagdad, le nomme, suivant les trois premières éditions hébraïques de Constantinople, de Ferrare et de Fribourg (105), חאפצי, qu'Arias Montanus dans sa version latine a rendu par Hhaphtsi (106). l'Empereur, s'imaginant que le nom du khalife de Bagdad qui régnait du temps de Benjamin était Ahmed, substitua ce nom au précédent, non-seulement dans le texte (107), mais aussi dans la version (108). Or, M. Asher, ne sachant auquel de ces deux noms donner la préférence, les rejette dans sa traduction page 94, tous deux, tandis que son texte page 55, fait d'après l'édition prétendue de Ferrare, présente la substitution de l'Empereur !

Il a également trouvé dans l'édition de Ferrare de 1555 les changements que la censure chrétienne avait introduits dans l'édition de Fribourg de 1583 et qui ont été reproduits par l'Empereur; jusqu'au signe distinctif ajouté par Sifroni pour le faire connaître (109), ainsi que je l'ai indiqué plus haut (110) !

Ces quelques preuves suffisent pour faire apprécier le texte et la traduction du libraire de Berlin. Quant à ses notes, il serait plus aisé de nettoyer les étables d'Augias, que de corriger toutes les erreurs et toutes les bévues qui fourmillent dans son second volume.

XII.

DERNIERS TRAVAUX SUR BENJAMIN.

Le cadre restreint de cette notice n'a point permis de rappeler les critiques sévères de plusieurs savants sur l'œuvre de M. Asher. Nous

(105) Edition princeps, page 32; seconde édition feuillet 21 verso; et page 30 de la troisième

(106) Itinerarivm Benjamini Tvdelensis, page 60.

(107) Itinerarium D. Benjaminis, page 64.

(108) Ibidem, l. c. Comparez plus loin, page 184, 185 et 186.

(109) R. Samuel le Chantre au lieu de R. Samuel le Vieux.

(110) § V, page 16.

même nous n'avons pu indiquer que quelques-unes des turpitudes littéraires du libraire de Berlin. S'il faut en croire la voix publique (111), ce procédé ne se borne pas aux productions littéraires seules; mais ceci ne regarde plus Benjamin de Tudèle.

Nous avons encore à citer, relativement à ce voyageur, une traduction nouvelle en hollandais de ses voyages, publiée à Leyde en 1846, par S. Keyser (112), et des notes sur Benjamin (113), par Selig Cassel, Berlin 1847. La nouvelle traduction, qui ne se distingue de l'ancienne version hollandaise, ni par la fidélité, ni par la clarté, forme la vingt-sixième édition de la Relation de Benjamin de Tudèle.

Classées d'après les langues, ces vingt-six éditions se divisent en huit catégories : I texte hébreu; II hébreu et latin; III hébreu et anglais; IV latin seul; V français; VI anglais seul; VII hollandais; VIII allemand juif.

La première partie contient neuf éditions, savoir :

1° Constantinople, chez Eliéser Soncino, 1543, 64 pages non paginées, in-12.

2° Ferrare, chez Abraham Usque 1555 et non 1556, 32 feuillets paginés, petit in-8°.

3° Brisgau, chez Israel Sifroni, 1583, 31 feuillets paginés, petit in-8°. La dernière page est en blanc.

4° Leyde, chez Elzévir, 1633, 203 pages paginées, in-12.

5° Amsterdam, chez Caspar Steen, 1698, 32 feuillets paginés, in-24.

6° Sans nom de lieu et d'imprimeur, 1734, in-8°. Cette édition ne nous est pas tombée sous la main jusqu'à présent.

7° Altdorf, chez Jean Adam Hessel, 1762, 36 pages paginése, petit in-8°.

8° Soultzbach, chez Aaron ben Meschullam Salman, 1783, et non 1782, 16 feuillets paginés, petit in-8°.

9° Zalcovie..... Cette édition est citée parmi les productions de la presse hébraïque de cette ville (114), sans aucune autre indication.

Dans la seconde catégorie on ne remarque qu'une seule édition :

10° Leyde, chez Elzévir, 1633, 234 pages paginées et 70 non paginées, petit in-8°.

(111) Voyez entre autres l'Avis publié en 1840, par le Conservateur de la Bibliothèque royale de Belgique, sous le titre de *Rouerie de Libraire*.

(112) Reize van Benjamin van Tudela, in de jaren 1160-1173 door Europa, Azie en Afrika. Vertaald en met aanteekeningen voorzien door S. Keyzer. Leyden, H. W. Hazenberg et Comp. 1846, in-8°.

(113) Anmerkungen zu Benjamin von Tudela, dans ses Essais historiques, page 1 et suiv.

(114) Furst, *Der Orient*, 1841, n° 43.

La troisième catégorie ne renferme non plus qu'une seule édition :

11° Londres (Berlin) 1840 et 1841, 2 volumes in-12.

La quatrième contient quatre éditions qui sont :

12° Anvers, chez Christophe Plantin, 1575, 114 et XIII pages, in-8°.

13° Leyde, 1633, chez Elzévir, in-24. Cette édition qui fait partie de la collection dite République est devenue fort rare.

14° Helmstadt, chez Henning Muller, 1636, petit in-8°.

15° Leipzig, chez Jean-Michel-Louis Teubner, 1764, in-8°.

On compte dans la cinquième catégorie, trois éditions que voici :

16° Leyde, chez Pierre Van der Aa, 1729, et non à la Haye 1735 chez Neaulme (115), 67 pages sans le titre, préface et table des matières, in-4°.

18° Paris, chez Bethune, 1830, 109 pages, in-8°.

La sixième catégorie se compose de quatre éditions qui sont :

19° Londres, sans indication de l'année, mais vers 1620. C'est tout bonnement un précis des voyages de Benjamin.

20° Londres 1744, in-fol., dans la collection des voyages par terre et par mer de Harris, tome Ier, page 546 à 555.

21° Londres 1784, in-8°, traduction de Gerrans.

22° Londres, de 1808 à 1814, in-4°, n'est guère qu'un abrégé.

Deux éditions seulement forment la septième catégorie, savoir :

23° Amsterdam, chez Josué Rex, 1666, 106 et non 117 pages in-24.

24° Leyde, chez H. W. Hazenberg et Cie, 1846 pp. et VIII, in-8°.

La huitième enfin ne comprend que les deux éditions suivantes :

25° Amsterdam, 1691, chez David de Castro Tartas, 36 feuillets, in-8°.

26° Francfort-sur-le-Mein, chez Jean Kölner, 1711, 32 feuillets, in-8°.

Ces nombreuses éditions prouvent l'importance des voyages de Benjamin de Tudèle. Benjamin était un de ces hommes qui ont le bonheur de résumer dans leur nom ou une science ou un art, ou une époque. La géographie du moyen âge, c'est Benjamin de Tudèle.

(115) Il est à regretter que M. Brunet ait copié cette erreur avec les autres erreurs bibliographiques de M. Asher, dans son bel ouvrage. Voyez *Manuel du libraire*, tome I, page 290.

EXAMEN GÉOGRAPHIQUE
DES VOYAGES
DE
BENJAMIN DE TUDÈLE,
1160-1173.

LETTRES ADRESSÉES A M. CARMOLY,

Par J. LELEWEL.

AVANT-PROPOS.

Une tradition, relatée vers la fin du xvie siècle par Abraham Zakout, astronome et historiographe du roi de Portugal (juchasin, fol. 131, de l'édition de Cracovie), fixe le voyage de BENJAMIN DE TUDÈLE fils de *Iona*, entre les années 1160 et 1173. Cette tradition fut répétée par le premier éditeur du voyage en 1543; par Gedalia, fils de Joseph Jacchia (in schalschelet hakobhala) 1587; par David Gantz (tsemat David, fol. 39) 1592. En effet, la relation du voyage ne contient rien de postérieur à l'année 1173; elle soutient les événements et les positions de cette époque, et confirme par elle-même qu'elle a été rédigée vers 1173, qui est aussi l'année de la mort de Benjamin.

Il y avait à cette époque beaucoup de voyageurs, mais peu d'entre eux donnaient une description de leurs courses. Celle de Benjamin acquit de très-bonne heure une certaine vogue parmi ses co-religionnaires; elle fut assez répandue; quelquefois contrefaçonnée par d'autres et défigurée, comme cela eut lieu dans une relation de Gerson, en 1630. Les doutes qu'on a soulevés sur la réalité du voyage de Benjamin, qui, peut-être, n'a pas bougé de sa chambre, tombent devant l'intérêt qu'offre sa narration rédigée sous la forme d'un voyage.

Plusieurs éditions s'étaient succédées : la première en 1543, à Constantinople, chez les Soncini; ensuite en 1556, à Ferrare, chez Abraham Oschke; en 1583, à Fribourg en Brisgovie, chez Hetzfroni, lorsque parut, en 1575, à Anvers, une version latine de Benoît Arias Montanus, reproduite en 1636, à Helmstadt. Cette version livra l'ouvrage aux études des chrétiens ignorant l'hébreu ou versés dans cette langue.

Les explications, les éditions accompagnées de notes ou sans notes, se multiplièrent dans le courant du xviie siècle : surtout en Hollande et en Allemagne. L'édition de Bâle précéda celles de Leyde, qui parurent en 1633, au nombre de trois, accompagnées d'une nouvelle version latine et de commentaires de Constantin L'Empereur, qui fut ensuite commentée par d'autres. La version hollandaise de Bara, 1666 et 1698, donna origine aux versions allemandes 1691, 1711, et française 1729. Le voyage devint la proie de différentes opinions et son texte la pâture de commentateurs : Montanus, Constantin L'Empereur, Buxtorf, Renaudot, Richard Simon, Bergeron, Wagenseil, Eisenmenger, Schutt, Hottinger, Kircher, de la Rocque, Spanheim, Gaspar Barthius, Reinesius apprécièrent l'ouvrage chacun à sa guise. On comptait déjà 14 éditions, dont la moitié en hébreu, quatre latines, deux hollandaises, deux allemandes, une française, et une foule de commentateurs : lorsqu'en 1734 furent publiées, à Amsterdam, la traduction française et les profondes élucubrations de Jean Philippe Baratier, né en 1722 mort en 1741, enfant prodige dont les facultés intellectuelles s'élevèrent à la hauteur des savants les plus instruits. Dans son ouvrage quelques étincelles d'enfantillage pétillent, presque imperceptibles, dans l'éclat et la lumière de connaissances immenses, d'une érudition profonde, et d'un génie indépendant, philosophe et plein de capacités critiques.

A cause de l'insuffisante connaissance de l'intérieur de l'Asie, de plusieurs points géographiques et de l'ignorance de quelques événements historiques, on ne savait pas comprendre toute la description du voyageur. Quelques fables insérées dans sa narration, contribuèrent à déprécier ses renseignements et à compromettre sa véracité. On cria à l'imposture, mais on ne se fatiguait point à l'étudier. On continuait toujours à disserter, à éditer, surtout en Allemagne et en Angleterre, où parurent plusieurs versions et de judicieux commentaires. Jusqu'à la publication récente d'Asher, on peut compter vingt-cinq éditions de l'original ou de traductions en différentes langues. En butte à d'implacables antipathies, le Tudelien trouva aussi de judicieux et généreux défenseurs.

Le savant Carmoly, un des plus ardents défenseurs de la bonne foi de Benjamin, épuisant toutes les questions qui le concernent, m'appela plus d'une fois à examiner les obscurités géographiques du voyageur. J'essayais donc de les pénétrer et communiquais mes observations au savant investigateur, sous forme de lettres, que je reproduis ici comme objet de mes études de la géographie du moyen âge.

Ces lettres sont accompagnées de la carte géographique. Parmi toutes les éditions, il n'y en avait qu'une seule de Bara, à Amsterdam, qui fût décorée d'une carte : Remplie d'épigraphes sans choix, parsemées de quelques noms du voyage de Benjamin inscrits au hasard; inexacte, pleine d'erreurs, elle offre un chaos confus.

Plusieurs années se sont écoulées depuis que ces lettres ont été composées. La première, traitant la Grèce, fut insérée dans la Revue orientale, publiée par E. Carmoly (t. III, p. 273-282), et la quatrième, sur la carte de Palestine, se trouve à la fin des itinéraires de la terre sainte, traduits de l'hébreu, par E. Carmoly, Bruxelles, 1847, (p. 364-370). C'est la première fois qu'elles paraissent réunies. Si leur première composition n'a pas été retouchée, on remarquera cependant plusieurs notes ou passages contrariant quelques-unes de mes premières assertions ou observations. J'ai cru, qu'en les livrant à la publicité il fallait radouber ma nacelle : mox reficit rates quassas, indocilis pauperiem pati.

GRÈCE.

PREMIÈRE LETTRE.

Bruxelles, 7 mai 1848.

Nous nous sommes entretenus plusieurs fois sur ces géographes et voyageurs du moyen âge, qu'on accuse d'inexactitude, de mensonge, avant de les comprendre. Parce que leur copie offre une erreur, parce que eux-mêmes prononçaient et orthographiaient un nom d'une manière inusitée, parce qu'ils ont qualifié les choses vues, suivant leur conception : leur ouvrage est donc un tissu d'ineptie, digne du mépris des érudits. Benjamin de Tudèle est un de ceux sur lequel pèsent les plus criantes incriminations. Il a eu déjà de judicieux défenseurs et il trouvera, je n'en doute pas, dans votre plume une lumière qui fera jour à la courte vue des érudits embrouillés. C'est pourquoi je vais soumettre à votre jugement quelques observations qui se sont présentées à mon attention, lorsque de temps en temps la curiosité me portait à feuilleter le voyage de Benjamin.

Je lis dans Baratier (p. 18) : quant à la Grèce, le fourbe se trahit d'une manière qui saute aux yeux : l'étrange saut qu'il fait depuis Thèbes jusqu'à la Valachie en trois jours, ne rencontrant que trois villes jusqu'à présent inconnues qu'il nomme depuis la Vallachie Constantinople, qui n'existaient que dans cette partie de la Grèce qui était dans la cervelle de Benjamin : l'omission inexcusable qu'il fait de Salonichi, à moins qu'il ne la confonde avec Salouski, autre erreur impardonnable, comme il serait facile à prouver si quelqu'un s'avisait de le dire : tout cela, dis-je, crie que Benjamin est un imposteur. De tout cela, je conclus (continue Baratier, p. 20) et crois être en droit de conclure que notre Benjamin est un fourbe de Tudèle, qu'il n'a jamais fait le voyage qu'il s'attribue. Soit! ce sont les belles paroles de Baratier, dont vous m'avez recommandé l'édition de Benjamin, comme préférable aux autres.

Je ne veux pas approfondir s'il a réellement exécuté le voyage comme il en donne la relation, je veux seulement demander s'il a créé tout ce qu'il dit dans sa cervelle, et osa le donner à la crédulité du vulgaire : à cet effet je m'enferme dans son cabinet de fourberie et je vais l'examiner, déroulant devant moi les cartes assez détaillées de l'empire ottoman, publiées en 1822, à Paris, chez Picquet, par Lapie, d'après les matériaux de Guillemot et Tromelin; et en 1827, à Paris, par Lameau et Dufour. J'espère que vous ne désapprouverez pas le choix de ces cartes, dressées par d'habiles officiers et ingénieurs et que vous y verrez un appareil qui doit faire frémir l'imposteur.

Il est à peu près admis par Baratier que Benjamin confond Salouski avec Saloniki. J'adhère à cette confusion et je prends un compas dans la main pour le faire promener sur les cartes. De *Thèbes* il y a, suivant Benjamin, une journée à אגריפון *Egripont*, Negropont : voilà une échelle de journée. A trois journées de *Corinthe* se trouve, suivant sa relation, *Thèbes* : mon compas fait trois pas et l'échelle est constatée : c'est juste (1).

Maintenant d'*Egripont* à *Salouski*, je compte les journées données par Benjamin : il y a par mer et par terre 10 journées. Je marche avec mon compas de Negropont par la Thessalie et par mer jusqu'à Saloniki et j'y trouve juste ces dix journées. Quant à la distance générale je ne puis donc réprouver cette fois la relation de Benjamin : il ne reste qu'à apprécier les lieux indiquées dans sa relation, tenant toujours l'inappréciable compas à la mains.

Il faut observer, que depuis l'invasion des barbares dans l'empire d'Orient, dans le courant des siècles, la nomenclature géographique a subi d'innombrables changements. Comparez Janjah, avec l'antique Thessalie, comparez Morée avec l'ancienne Péloponèse, chaque partie de la Grèce d'aujourd'hui avec l'ancienne et vous serez convaincu qu'il s'est accomplie une véritable métamorphose dans cette partie du globe. Les dénominations de l'origine slave fourmillent avant tout et il y a tant d'italiques, de romanes, etc. De temps à autre, il ne manquait pas de dénominations éphémères. Lorsque aux environs du mont Olympe, dominaient les Slaves, les Valaches, les Bulgares, les Serviens, enfin les Franks et les Turks, chaque fois différentes localités changeaient de nom dans le vulgaire.

Après avoir prédisposé votre attention à des dénominations toutes inattendues, j'avance avec mon compas. En partant de Negropont à une journée, יבושטריסה *Jabousterisa* répond à Proschina, (sur d'autres cartes Proscina, Frescina). Ce nom est tout à fait slave, désignant, sans changer de prononciation, poudre, une toute petite parcelle de poudre; et on appelle une toute petite chose, un tout petit objet proschina, prouschina, prószyna.—On a dans les possessions slaves de Prosna, Proschna, Prochnitza et analogues, dont la dérivation de la valeur peut varier. De même de Jabousterisa, ôtez léjod euphonique et vous avez un nom purement slave, Bystritza (rapide, pénétrante) donné aux rivières, aux

(1) Cette échelle continentale n'est pas en défaut pour les distances précédentes, pas plus que l'échelle de journées par mer, D'Otranto à קרופוס *Krofous*, Corfou 2 j.; à לבט *Lebat*, Leukate, Ducato, santa Maura, 2 j.; à אבילון *Achilon*, fl. Acheloüs, Aspropotanus, 2 j.; à נטוליקון *Natolikon*, Actolikon, Anatolikon, 1/2 j.; à פטרה *Patra*, Patras, Patrae, 1 j.; à לפנטו *Lepanto*, Naupktos, Lepanto 1/2 j.; à קוריש *Kors*, au pied du mont Parnasse, Krisso, 1 1/2 j.; à קורינטו *Korinto*, Korinth, 3 j.; à טיבש *Tibes*, Thèbe 3 journées.

bourgs et villages, aux hommes (2). D'ici une journée à רוביניקה *Robenika*, et mon compas s'arrête tout près de Tornitza (Martitsa, Thronium); ensuite une journée à שינון פוטמו *Sinon potmo*, avec lequel j'arrive à Boudounitza ou Modounitza Je ne vous entretiendrez pas de la terminaison slave *itza*, *ika*, ni de Robenica qui pourrait dériver du slave couper, tailler, où l'on se battait, où l'on a abattu les arbres, les bois (3); ni de Boudounitza, Bouduitza, Boudzin, Bouda, bouda, hutte, échoppe, noms de villes et villages infiniment nombreux dans les possessions slaves. En m'arrêtant ici je dois avouer que je marchais avec mon compas à trop petites journées. Je puis et je devais avancer plus loin, pour ne pas perdre les distances : mais la relation suivante de Benjamin me force de ralentir mes pas (4).

Ici commence la בלכייא *Balakhia*, *Valakhia*, dit Benjamin et cela révolterait toutes ces conceptions étroites qui se borneraient à la Valachie d'aujourd'hui. Mais si l'on demande l'histoire, on apprendra qu'il y avait une Valachie sur le Niestr, une Valakhie dans l'intérieur de la Hongrie, une Valakhie en Macédoine, en Romanie, en Thessalie, et c'est la *Grande Valakhie*. Fouillez les écrivains byzantins et vous y trouverez que les Valaches, en descendant de Zagora (nom slave des montagnes, d'au delà des montagnes) se répandirent aussi bien dans l'intérieur de la Grèce, comme vers le Danube; que leurs bandes vagabondes, leurs hordes errantes étaient connues en Macédoine, en Thessalie, avant qu'elles ne le fussent au nord de Hemus, Gora, Zagora; que par conséquent on appelait le pays aux environs de Zeitoun *Grande Valakhie*. Or, en partant de Boudounitza, on entrait du temps de Benjamin dans la grande Valakhie.

A deux journées גרדיגי *Gradigi*, ville ruinée. Vous me direz, à quoi bon chercher une ville ruinée? elle n'existe plus, encore portant une dénomination slave : Gradigi, comme Gradiska, Grodziska, Bellgrad, Nov-grad, Veli-grad, Vyscho-grad, et mille appellations analogues. N'importe, je grimpe les montagnes où je passe le défilé de Thermopyle, je pénètre dans la Thessalie et cherchant des ruines, je rencontre sur les cartes tout près de Zeitoun, au pied de l'antique Othrys aujourd'hui Goura (montagne en slave), un petit village Gardaki et je suppose, non sans raison, que c'est Gradigi de Benjamin. Avant d'aller plus loin, je vous ferai remarquer qu'on trouve sur la carte des indices du séjour

(2) Proscina est l'ancienne Larymna. Ῥύμη, impulsion, impétuosité; ῥύμαξ torrents, ont pu donner origine à la Bystritza slavone. Dans la suite les interprétations possibles paraitront plus ostensibles.

(3) Il y a quelque analogie entre Rubenika et l'antique nom du mont et du cap Knemis (κνημός, arduus, saltuosus) qui bordent Thronium. Κνάμι, j'incise, je creuse, je racle, je fends; traduit par Rubenika.

(4) Voici encore pour le compte de l'étymologie. Boudounitza, Vodonitza, pourrait dériver du slave voda, eau; Vod'nitza, aquatique, ce qui répondrait à potmos ποταμος. — M. Reinaud présume que Sinon-potmo indique la rivière Sperchios, et propose le changement des lettres de Sinon. Je ne combattrai pas l'attribution de ce nom à Sperchios, mais j'opposerai à la proposition de changement trop forcé, la remarque que Sinon-potmo paraît être tout à fait grec, qualification de circonstance : rivière de désolation, de dévastation, de ravage, σινος ποταμος, traversant le pays ravagé par les courses slaves, boulgars, valakhes; ou bien rivière extérieure, ξενος, ξεινος ποταμος, frontière de la Grèce, au delà de laquelle commence la Valakhie.

des Slaves et des Valakhes dans les environs de Gardaki : c'est dans le petit bourg Goura, au delà d'Othrys et dans Vlacho Jani sur la rivière du même nom (5). — Si vous n'êtes pas content de l'analogie de Gardaki et de Gradigi, tournez-vous à droite, cheminant les côtes de la mer, vous arrivez à Griditza, touchant le port Fetio, près des ruines d'une Larisse : mais ce petit détour mettrait en désharmonie les distances que nous suivons scrupuleusement; aussi je préfère de rester avec Gradigi à Gardaki (6).

J'ai dit que j'avais un motif de ralentir les pas du compas et de m'arrêter avec les ruines de Gradigi dans le village Gardaki; le voici : Benjamin, de Gradigi, allait en deux journées à ארמילו *Armillo*, ville sur le bord de la mer, fort marchande; or, de Gardaki à deux petites journées, mon compas m'amène dans la grande ville d'Armyros. Le contemporain géographe arabe Edrisi (clim. v, p. 296) dit qu'Armyros, qu'il appelle tantôt ارميرون tantôt ارمريون Armiron, Armirioun, est considérable, peuplée et commerçante : c'est là que les Grecs entreposent leurs marchandises.

De là à une journée בישינה *Bisina*. C'est un port, car Benjamin s'y embarque pour aller par mer à סלוסקי *Salouski*. Si donc nous sommes avec Armillo dans Armyros, le seul port convenable à la distance d'une journée serait le port Volo, situé au midi de Velestina (7). Nous sommes loin de Saloniki : je pense cependant que la navigation de deux jours et deux nuits suffit pour y arriver. Il y a deux degrés de distance entre Volo et Saloniki en tournant le cap Saint-Georges.

Elmacin (III, 5, p. 252) rapporte que Basile étant occupé contre le rebelle Bardas Phocas, qui allait entreprendre le siége de Constantinople, les Bulgares profitèrent de l'occasion, entrèrent dans l'empire et ravagèrent tout jusqu'à *Salouski*, ville qui par conséquent était entre la Bulgarie et Constantinople, suivant l'opinion du commentateur de Benjamin.

Nous y voilà! on a voulu inventer en l'honneur d'Elmacin l'existence d'une ville Salouski sur la route de Bulgarie à Constantinople et on ne voudrait pas admettre l'existence d'une autre Salouski en faveur du pauvre Benjamin. Mais à mon avis, sur le dire d'Elmacin, la conséquence pour inventer l'existence d'une inconnue Salouski dans l'année 963 est peu concluante. Elmacin ne la demande guère, il ne dit point que l'invasion se portait vers Constantinople. Les Bulgares cantonnaient alors

(5) Avançons dans l'intérieur de la Thessalie, nous y trouvons : Gribovo Tarnovo, Klinovo, noms purement slaves. La Thessalie en est pleine. Sans remonter dans la Macédoine, traversons la montagne de Smokovo nous trouvons : Radovisch, Lelovo, Katschiko, Vronza, Klissoura, Sirako, Lepenize, Mazovo, Maliza, Goritza, Ostanidscha, dans tout l'intérieur de Janina des noms slaves. Preveza prétend à l'origine slave.

(6) La susmentionnée Griditza porte le nom de Cardiki sur les cartes du XVIIe siècle. De même elle est nommée Gardiki tout près des ruines de Larissa sur les cartes toutes récentes, qui offrent à la fois des rectifications du littoral par lesquelles la route littorale de notre voyageur (jusqu'à Volo), est assurée et l'identité de ce Gardiki avec Gradigi irrévocablement fixée. S'arrêtant avec Gradigi sur les ruines de Larissa, il n'y a pas lieu de ralentir la marche du compas comme je le fesais dans ma première explication. Sinon potamos serait Sperchios ou Zeitou ; et la marche régulière du voyageur n'en serait que mieux établie.

(7) Si l'appellation Volo est grecque, βῶλος, motte, monceau ; Bissina donnerait une simple interprétation slave, vyschina, vyjina, lieu élevé, position élevée.

dans toute la Zagovie : Develtus, Okhrida, Durazzo se ressentaient de leur voisinage. Peu après ils y dominaient et possédaient toutes les villes de la Thessalie; plusieurs fois, entre 888 et 1000, ils tracèrent leurs frontières presque sous les murs de Thessalonique. Lisez les Byzantins et vous serez convaincu qu'Elmacin, en nommant Salouski, a voulu indiquer Thessalonique, à laquelle en effet on peut toucher par la mer (8).

Avant de partir de Salouski, Saloniki, nous devons changer notre échelle, parce que de Salouski à Constantinople il y a 13 journées suivant Benjamin. Voulant avancer à si petites journées, nous n'arriverons qu'à moitié du chemin; or, ce sont des journées plus fortes : il faut doubler leur longueur : mais je vous assure, vérifiez-le, en la doublant, nous n'excéderons pas la journée d'un demi degré que vous trouvez à la page 42 déterminée par Baratier.

De Salouski, Benjamin compte à מיטריצי *Metressi* deux journées, de là à דרמה *Darma* deux journées. A une telle distance de Saloniki, sur la plaine de l'ancienne Philippi, vous avez aujourd'hui Drama. Or, Metressi, étant à moitié chemin, est situé au nord ou au midi du lac Takinos. Je pense donc que c'est Seres سيرس. C'est une jolie ville, dit Edrisi (clim. v, sect. 4, p. 289), bâtie sur une colline dont les environs sont très agréables, les habitations nombreuses et les ressources abondantes. Pourquoi Benjamin l'appelle-t-il Metressi? Je n'ose pas supposer l'erreur des copistes qui auraient pris le ס pour un צ etc. (9). Il est plus convenable pour moi d'observer que Seres est tant soit peu plus rapproché de Drama que de Saloniki. Cette différence n'est pas grande, cependant Edrisi ne compte de Seres à Rahna رحنة qu'une journée en se dirigeant vers l'orient. Vous voyez que les deux journées de Benjamin ne sont pas trop fortes puisque l'arabe n'en compte qu'une. Il semble qu'Edrisi n'ait pu prononcer ni Drama, ni Darma, et qu'il écrivit رحنة.

De Drama à קניסטולי *Canistoli*, il y a une journée. Cette journée nous fait passer la rivière Carasou, l'ancien Nestos, sur laquelle on a, entre plusieurs autres villes, Nicopoli; mais on n'y voit pas de Canistoli (10). Peut-être faut-il avancer avec Canistoli jusqu'à Jenizze ou Ienidjé. Nous nous bornons à cette remarque afin d'avancer de trois journées à אבירו *Abiro*, qu'on veut lire Abido et y voir Abydos de l'Hellespont, dans l'intention de réprimander Benjamin avec cette correction même, parce que comment, sur l'échelle de plus grandes journées, arriver par terre de Drama jusqu'à Abydos en Asie, tandis que la journée telle que celle de Seres à Drama nous conduirait de Drama en quatre jours à peine vers l'embouchure de Maritza, ancien Hebrus. Nous nous y arrêtons volontiers.

(8) Edrisi nomme Thessalonique, correctement صلونيك Salonik, et connait une autre ville صلوني Saloni, située quelque part dans les montagnes de Rhodope ou aux environs de la rivière Arda ou Hardeme. Cette ressemblance de nom d'une autre ville plus obscure, ne peut pas contrarier l'identité de Salouski avec Saloniki, laquelle se confirme par les stations suivantes.

(9) Μήτηρ, mater; μητρὸς, ματρὸς, matris; Metressi autant que metropolis.

(10) Cani-stalla.

Edrisi (clim. VI, sect. 4, p. 383, 384), en suivant le cours de Maritza, dit qu'elle passe à Adrinople, puis à Sorlova, puis à Arkadioboli, puis se jette dans le canal d'Abydos ابذة auprès de la ville Akhrisoboli la maritime, où elle porte le nom de Marmara. Il est évident que dans sa relation, Edrisi indique à la fois le cours de deux rivières, de Maritza et de Erkéné, qui se réunissent au midi d'Adrinople; l'une a sa source près de Ligolgo, l'autre près de Sorlova. Il manifeste en même temps une espèce de confusion de Maritza avec Marmara qui est le fleuve Rodovitsch (Strimon) sur lequel est situé Seres (Metressi). Akhrisoboli ou Chrysopoli est loin de Maritza, étant à l'embouchre de Marmara. Nous discuterons ailleurs ces questions et positions. Pour le moment il nous suffit d'alléguer que les embouchures de Maritza et de Marmara, et la ville Chrysopolis et même Saloniki et Armiro, sont toutes sur les bords du canal de Constantinople, nommé de même canal d'Abydos. Toute cette mer, depuis Saloniki jusqu'a Gallipoli et Abydos s'appelle, au témoignage d'Edrisi : *canal d'Abydos* ou de Constantinople (Edrisi, VI, 4, p. 383, 384, 290, 291, 292). Les navigateurs la qualifiaient ainsi. Il est donc évident que le nom d'Abydos était connu à l'époque de Benjamin, à l'embouchure de Maritza, quatre journées de Drama. Benjamin, passant par terre, arrivé au bord de la mer, s'est servi du nom de golfe pour qualifier sa station maritime. De l'embouchure de Maritza on peut se rendre très-facilement à Constantinople en cinq journées.

Enfin nous sommes à Constantinople avec notre Benjamin. Nous y voyons avec lui les marchands de l'Orient, du Nord et de l'Occident. Ceux du nord sont : Canaan, les Slaves en général, puis ceux des pays Russiens, de la Hongrie, enfin de פשינקי *Pasianke* et de בוריא *Bouria*. La Russie est plus orientale que la Hongrie; Pasianke, Fasianke serait aussi plus orientale que Bouria, selon l'ordre dans lequel Benjamin décrit ici les peuples, commençant par l'orient et finissant par l'occident, disent ses commentateurs. En admettant cet ordre on est peu conséquent, à mon avis, si l'on pense à retrouver les deux dernières populations dans les anciennes Liburnie et Pannonie, et on s'embrouille si on a recours à Joseph ben Gorion pour constater une semblable assertion.

A propos de ben Gorion, dont vous avez établi l'époque, vraiment il ne sert que de prête-nom à cette histoire judaïque qui est connue sous son nom. Le premier chapitre ou l'introduction n'est que trop suffisante pour prouver par l'énumération des peuples descendant de Noé, que la rédaction de l'ouvrage est du XIIe siècle. Cette énumération est curieuse : mais les explications données jusqu'aujourd'hui, ne sont pas toutes satisfaisantes, surtout celles de Thogorma et de Dodanim. Sous ce dernier, ne pourrait-on pas, au lieu de Mekhba et Bardena, מכבא et ברדינא lire et distinguer la Skanie et les Varègues? nom donné aux Normands Skandinaviens de la Baltique. Ce nom de Varègues était connu à l'occident, même depuis un temps assez reculé, puisque je trouve que Guido de Ravenne, écrivain de la fin du IXe siècle, les a nommés. Son ouvrage inédit se trouve dans une copie de 1119, entre les manuscrits de la bibliothèque de Bourgogne à Bruxelles.

Le prétendu ben Gorion aime mieux qualifier les Slaves Dodanim, que Khanaan. Il en fait un dénombrement. Si l'on peut admettre qu'on les énumérant sous les noms de Letsphim et Livonim il a voulu comprendre les Litvaniens et les Livoniens, il serait impossible dans Khazaramin de soulever la Bessarabie, ce nom étant d'un siècle trop postérieur : j'aimerais mieux y voir une répétition de Khazars ou mieux supposer une défiguration de nom inextricable. Bezamin, Bohême ou Pozamin, Poznan, Posen; comme Charchar, Kharkar, Krakar, Krakow; Salaki ne serait-il pas mieux Polaki, Polonais, au lieu de Valakhi comme on a supposé.

Quant à Thogarma, ben Gorion dit positivement que les seuls Ongar, Bulgar et Parsinaks, établirent leurs tentes sur le Danube, tous les autres sont sur la Volga. Je désirerais donc de retrouver des emplacements convenables dans ces régions-là pour Alikanus (al Ikanus), Ragbina, Buz, Zabukh et Tilmats, sans descendre au Danube; de les trouver dans ces régions où l'on connaît les Khozars et les Tourks près du fleuve Itel ou Atelach (Wolga) (11).

Les פצינך פרצינך Patzinakh, Partzinakh, appelés par les Polonais Pietchinghi, sont les بجناك Badjnaks d'Edrisi et Phasianke de Benjamin, la Bourie, serait la Boulgarie, Boulgria, Bougria, Bouria, établis toutes deux sur le Danube.

Ces Pietchinghi n'offrent que les débris des anciennes hordes puissantes sur les steppes de la mer Noire. Elles avaient été détruites vers 1050, par les Komans ou Polovtzes; les débris se retrouvent en partie au delà du Don, signalés par Edrisi sous le nom de Badjnaks; en partie ils se sont réfugiés vers les frontières de la Boulgarie et de la Hongrie, où ils se fondirent avec les populations locales.

Pethakhia, passant en 1175 de Kiov vers la Tauride, n'a vu dans ce qu'il appelle Kédar, que les Polovtzi, Komans, habitants très-paisibles à cette époque, vivant sous leurs tentes et cultivant le pays. Il n'a vu là, ni Patzinak, ni Khozars. Ceux-ci ont été déroutés encore vers 1016, quelques hordes de Khazars existaient aussi au delà du Don et dans la Tauride, à laquelle elles ont donné le nom de Ghazarie. C'est pourquoi Pethakhia dit que la mer s'avance dans les terres et sépare Kédar de la Khazarie. C'est l'isthme qui reçut postérieurement le nom de Perekop. La Khazarie de Pethakhia n'est que la Tauride. S'il dit qu'à son extrémité coulent dix-sept rivières qui finissent par se réunir : il perd de vue l'espace de la mer Zabach qui sépare la Khazarie de l'embouchure véritable du Don, et il répète sur cette réunion de nombreuses rivières un conte attaché au Don ou Tanais. J'ai ajouté l'épithète de véritable à l'embouchure du Don près d'Azof, ancien Tana, parce que le détroit de Jenikale, qui sépare la Krimée de l'Asie, était aussi considéré comme embouchure du Tanais : c'est l'extrémité de la Khazarie. Les eaux du Tanais roulent, dit-on, par la mer Zabach jusqu'à cette embouchure. De même on distingue sur les eaux de la mer Noire le courant de plusieurs fleuves. Les eaux du Danube se font remarquer jusqu'à Constantinople : aussi quelques écrivains, à différentes époques, considéraient le détroit de Constantinople comme l'embouchure du Danube.

(11) Khasdaï énumérant ces enfants de Thogarma, substitue Avar, Aunin et Savour, à la place de Ikanus, Ragbina et Zabuch.

Pardonnez-moi cette petite excursion qui traverse le passage de Petakhia de la Khazarie à Thogorma : parce que je ne voulais pas perdre de vue votre savante publication de son voyage, que vous allez reproduire.

Je reviens encore à Benjamin, ou plutôt à ses commentateurs qui l'accusent d'imposture, de fourberie, et qui, avec leur colère et leur maladresse, font rire quelquefois le bon sens. Voici la preuve.

Benjamin ayant parlé de la Bohême qu'il a qualifiée de pays de פראג *Praga*, remarque que la Russie est un grand royaume, qui s'étend depuis la porte de Praga jusqu'à la porte de פין *Pin* ou *Fin*, cette grande ville qui est à l'extrémité du royaume. Les commentateurs se cassaient la tête afin de retrouver cette porte d'une grande ville à l'extrémité de la Russie et ils l'ont cherchée, où? dans Pinga ou Pinko, dans Pinsk en Litvanie, dans Saint-Nicolas sur la Dvina; ils l'ont reconnue dans Pin, Pape Nicolas par abréviation. Sommes-nous avec tous ces commentateurs près de la porte d'une grande ville? sommes-nous à l'extrémité de la Russie? n'avons-nous pas le droit de crier contre l'imposture qui voudrait nous faire voir à l'autre extrémité de la Russie ou Pinsk ou un pape Nicolas en abrégé! (12).

La ville de Praga, dans le langage de Benjamin, est le pays de Bohême; la porte de Praga, ce sont les frontières de Bohême, par conséquent la porte de la grande ville, de la cité de Fin, ce sont les frontières du pays de Fin, de Finois, Finlandais, Finland, Finmark, situé à l'extrémité de la Russie. Au reste, sans toucher à la porte du génie de langues orientales, tournez quelques pages de Benjamin et vous trouverez les portes de provinces persanes.

Voici les réflexions, que je me proposais de soumettre à votre jugement. Approuvez-les, ou désapprouvez-les, et veuillez conserver dans vos amitiés inaltérables. *Votre dévoué.*

(12) Sprengel (Gesch. der géogr. Entdekungen p. 277, 278) au sujet de la ville de Fin lève toute difficulté, mit einer kleinen Buchstaben veraenderung, et la change en כיו Chive ou Kiiov capitale située au centre des pays russiens. — S. Nicolas (couvent), et Pingo situés aux environs d'Archangelsk, ont été découverts par les anglais en 1553, et figurent sur toutes les cartes.

ASIE.

—

DEUXIÈME LETTRE.

Bruxelles, 8 août 1847.

En demandant mon avis sur quelques points obscurs de Benjamin de Tudèle, vous m'avez provoqué tout d'abord à reprendre de nouveau la lecture de son ouvrage. Ma foi, je ne sais pas m'expliquer, quelle furie s'est emparée de plusieurs de ses commentateurs qui, tout en puisant de son ouvrage des renseignements importants pour cette époque reculée, s'acharnaient à ternir sa mémoire et la sincérité de ses témoignages. Ma lecture, au contraire, me faisait croire que je voyageais avec lui, que sa compagnie me frayait le chemin à travers les obstacles déversés dans l'espace; qu'il m'indiquait à regarder ce qu'il avait vu; qu'il me présentait les personnes de sa connaissance. Il est vrai que tout y est d'une extraordinaire insuffisance, souvent présenté dans un vague ou une confusion presque inextricables, mais appuyé sur une certaine connaissance qui exige des recherches. On a dit que le pèlerinage n'était qu'une forme de sa narration. C'est indubitable. Mais quoiqu'il n'indique ni jour, ni mois de ses traverses, ni direction des distances et des routes : on se voit avec lui dans un voyage réel, quand il déclare avoir vu quelque objet, ou quelque personne. S'il a voyagé et vu bien des choses, certainement il n'a pas visité, ni les rechabites, ni le pays de Tzin, ni la mer Nikfat, ni l'intérieur des montagnes Hafton. Il s'arrête obscurément pour nous, dans certains lieux, pour entrer dans la description des environs et du reste du monde, pour rapporter quelque relation véritable ou fabuleuse, afin de donner un recensement et la situation des enfants d'Israël de sa connaissance. C'était son but essentiel. Partout où l'on peut constater sa présence on ne saurait lui reprocher l'exagération dans le nombre. Sur sa route en Europe : 1,500 à Palerme; 2,000 à Thèbes; 2,500 à Constantinople, sont les plus hauts chiffres; ailleurs il donne des chiffres inférieurs : quelques cents ou dizaines, en tout 12,763. Il est à regretter qu'il n'ait donné aucun renseignement sur ceux de l'Espagne, son pays natal, ni sur ceux de Hongrie, de Pologne, d'Allemagne, où il n'alla pas. Ce qu'il relate des populations en Asie, est certainement fondé, en partie seulement, sur des relations positives, en partie sur des ouï dire. Le nombre le plus considérable à Hamdan et à Samarkand, monte dans chacune de ces villes ou de leurs cantons, à 50,000 : chiffre assez rond. Il y en a autant à Khebar et beaucoup plus de rechabites.

Vous savez retrouver les princes, les savants de la connaissance de Benjamin qui dominaient par leur sagesse les enfants dispersés, et vous avez plus d'une fois suivi votre voyageur de station à station jusqu'à Haleb et au delà de Tigre. C'est dans cette description ultérieure que vous me signalez quelques difficultés géographiques, sur lesquelles vous êtes curieux d'avoir mon avis.

Comme indicateur de ces points obscurs vous me recommandez toujours par préférence, le commentaire de Baratier. Cet enfant précoce, qui, avant d'aboutir à l'âge de l'adolescence, par son savoir, par ses connaissances prématurées avança beaucoup plus que ses prédécesseurs l'explication du voyage de Benjamin, répète mainte fois : ce nom m'est inconnu; nous imitons volontiers cet aveu, quand les renseignements ou les connaissances nous feront défaut. Mais souvent le docte adolescent de onze ans, entraîné par l'opinion de l'époque, qui guidait sa conscience, s'emporte, vocifère contre l'inventeur, le menteur; mal avisé il condamne le juif errant. Partant avec Benjamin de Haleb, tout d'abord, à nos premières stations, de Balitz, Kalah gaber, et Rakka, nous sommes accablés de ces injustes déclamations. Avec Balitz il se porte sur Bira; il a pu cependant trouver sur les cartes de Sanson et d'autres de son temps Bales sur l'Eufrate. Les cartes de Sanson désignent Kalahgaber, sous le nom de Dauser; celles de Delisle inscrivirent l'appellation de Giabar. Le docte adolescent ne trouvant pas de nom analogue sur la place, annote en passant (note 15, du chap. VIII, page 128) que l'appellation de Kalahgaber répond à Krach de Montreal, et examinant ensuite la route de Tadmor jusqu'à Bagdad (note 1 du chap. XII, p. 136 et suiv.), persifle le voltigeur assez ingénieusement, mais avec peu de prudence. Je ne veux pas entrer en polémique avec le jeune homme de mérite, je veux simplement vous exposer ce que j'ai remarqué.

Balitz ou *Fethora* באליץ פתורה (בילש *Balis* chez le copiste Gerson) est Bales d'aujourd'hui et بالس des écrivains arabes. Nommé par Edrisi (III, 7, p. 335) peu d'années avant Benjamin, il se trouve déterminé en longitude et latitude géographiques, par Kias, ouvrage du XIIIe siècle, cité par Aboulféda.

L'auteur de Kias détermine de même la position de קלעגבר וסלע מדברה *Kalahgaber* ou *Selah midbara*, de Kelat djebar قلعة جعبر ; voici ce qu'en dit Aboulféda : Kalatdjabar, ou le fort de Djabar s'appelait anciennement Daousariah, du nom de Daouser, employé de Noman ben Mondjari, roi de Hira, qui le fit construire quand il administrait les frontières de la Syrie. Ensuite il s'empara du fort Saboheddin Djabar le kaschirien et le posséda jusqu'à sa vieillesse qui le priva de la lumière. Depuis ce temps, le fort changea de nom. Les deux fils du dit Djabar, dont le brigandage causait des inquiétudes, furent dépossédés par le seldjouk Melik schah (vers 1060). Enfin, ce fort abandonné, tomba en ruine. Il est dans le Djezira (diar Bekr) sur les rives septentrionales de l'Eufrat, sur un rocher inaccessible, entre Bales et Rakka. Benjamin a pu par conséquent connaître le nom de Djeber. Avant lui, Edrisi n'en avait parlé que sous le nom de Daouser. Pour se rendre d'Aleppe à Rakka, dit-il, il y a deux chemins, dont un passe par Khoschab, Bales, دوسر Daouser à Rakka (IV, 5, p. 136). C'est le chemin suivi par notre voyageur.

Sur la gauche du voyageur s'étend le désert de Khaschab ou Semava (Edrisi, IV, p. 335). C'est sur les plaines de ce désert que fut mesuré le degré du temps de Mamoun, 833 : entre Tadmor et Vasit, comme le dit Ibn Iounis (en 1007), et spécialement entre Tadmor, (qui est entre Irak et Syrie) et Rakka, comme l'explique Massoudi (en 957), où l'on observa le soleil dans le désert de *Sandjar*, dépendant de diar Rabia (notices et extraits, t. I, p. 49, 52). La mesure avait été exécutée, répète Aboulféda (en 1331), sur la plaine de Sandjar (Reiskii versio, p. 136). Or, Rakka est à l'entrée de la terre de *Sandjar*, dit positivement Benjamin, et sépare le pays de *Sandjar* du royaume des Turks (chap. VIII, p. 128), qui dominaient dans le Djezira.

Deux journées de Rakka est חרן *Haran*, et 2 journées de ces anciens Carres, l'endroit où est la source de אלכבור *Alkhabor* ou Chaboras, d'où l'on arrive en 2 journées à נציבין *Nitzibin*. Cet endroit est *Ras-el-aïn* راس العين qui est une ville considérable, dit Edrisi. On y voit près de trois cents sources, environnées de grillages en fer, pour qu'on ne puisse y tomber. Ces eaux forment la source du خابور *Khabour*, rivière qui va se jeter dans l'Eufrate auprès de Kirkesia (IV, 6, p. 150). Il y a, ajoute-t-il, de Harran à Ras-el-aïn, 3 journées, et de Ras-el-aïn à Nissibin, 3 journées (p. 155).

Je ne saurais vous dire, d'où Benjamin a pu tirer l'assertion bizarre, que Khabor, après avoir traversée le pays des Mèdes, tombe dans la montagne de Gozan. Certainement elle n'est pas le produit de ses propres explorations, mais plutôt d'une érudition mal conçue et maladroitement appliquée. La montagne Gozan est un produit biblique : du temps de David, on disait que Khabor était un fleuve du pays de Gosan; Madaï vient d'un autre point de l'érudition, où au nombre des terres de l'exil, Habor, Gozan et Madaï se trouvent dans les mêmes versets. Le ravennate du IXe ou Xe siècle dit avoir lu dans l'ouvrage du philosophe-cosmographe romain, du VIe siècle, nommé Castorius, que Media minor et Gozar (Gozan) dicitur, per quam plurima transeunt flumina, inter caeteros Nabor (Chabor) (anonym. ravenn. II, 10, p. 29, 30). Singulière consonnance!

Nous passons sans obstacle par *Guezir ben Omar*, par *Almotzal*, à travers les ruines de *Ninive*, où l'obscure *Arbal*, à 1 parasange de Ninive, embrouille notre itinéraire. Baratier a signalé à cet effet trois Arbal, dont une grande ville, Arbelles, est à 17 parasanges de Mosoul, au midi, située effectivement sur la route de Mosoul à Rehobot. Nous ne savons pas où est cette grande ville dans les déserts, ni d'où Baratier aurait appris son existence. J'ai examiné les cartes publiées dans les Pays-Bas, et celles de Sanson, de Duval, De la Rue, Delisle et quantité de postérieures, d'Arrowsmith, et d'autres. J'ai fouillé dans les descriptions de Djezira qui me sont connues, sans pouvoir rencontrer aucun vestige de cette ville. Il est aussi douteux, à mon avis, si Arbal, distante 1 parasange de Ninive, serait sur le chemin de Rehobot. Benjamin la nomme accidentellement, l'indiquant comme proche des ruines. La fameuse Arbelle n'est pas trop éloignée. Ensuite il retourne à la description de Ninive, d'où il compte 3 journées à *Rehobot*.

Je ne m'arrête pas sur les distances qu'il donne ordinairement insuffisantes. Il n'exagère pas. Il compte de Rohobot à *Karkemis* 1 journée; de Karkemis à *Poumbeditha* 2 journées seulement. S'il copiait les descriptions des arabes, il a pu être surpris plus d'une fois par des chiffres incertains ou erronés. Quoique moins, les chiffres du caractère hebreu présentent les mêmes surprises.

Harda חרדה distante de 5 journées de Poumbeditha, est sans doute الحضر Alhathr, Hatra. *Okbara* עיקברה عكبرا située sur l'Eufrate, déjà dans l'Irak, 2 journées de Hathra. Ces villes peu considérables méritaient d'être signalées par le voyageur, si elles possédaient une population israélite l'une de 15000 l'autre de 10000. C'est la première fois que la description du voyageur offre des sommes aussi élevées.

D'Okbara, en descendant l'Eufrat, nous entrons dans *Bagdad*. Je vous abandonne la confrontation de la description avec celle des écrivains arabes : en attendant je prendrai en considération quelques pays de la terre, où le chef de la captivité donne la permission d'établir des rabbins et des chantres (Benj. chap. XII, p. 149, 150).

La Djezira se divisait en trois diars (habitations) : Rabiah, Modhar et une portion de Bekri. Un contemporain de Benjamin, Ali ben Aladir le djezirien (mort en 1233), dit dans son lobab : que la Djezira comprenait quantité de villes et toute la province de Diar-bekr (Aboulf. Reiskii, p. 237). Or, il distingue le Diarbekr de Djezira, dans laquelle il était inclus. Aussi Benjamin sépare Diarbekr de Mésopotamie dans son énumération des terres où le chef de captivité installait les rabbins. Les cartes modernes négligent d'inscrire le Diarbekr comme province. Les cartes des XVI et XVIIe siècles, tout au contraire, donnaient le nom de Diarbekr à toute la Mésopotamie et elles passent sous silence l'appellation de Djezira.

La terre קוט *Kout*, dont les populations habitent le mont Ararat, n'est autre chose qu'Imiret, et le pays jusqu'à l'embouchure du Fas dans la mer noire; Imiret appellé Koutaïs, qu'on écrivait anciennement Cotiana. La chaîne de montagnes venant du pic d'Ararat s'y prolonge vers le nord, pour se rapprocher par différentes branches du Kaukase, du pays de אלניה *Alania* (des Os ou Ossetes), pays environné de montagnes qui n'ont d'autre issue que par *les portes de fer* שערי ברזל باب الابواب qu'y a fait Alexandre, où est la nation appelée *Alains*. C'est par cette porte qu'on se rendait anciennement chez les Khozars, dont le khan suivait la loi de Moïse.

De plus, continue Benjamin, dans les synagogues du pays de *Sikharia* סיכריא jusqu'aux montagnes d'*Assona* אסונה As-sona, toutes les synagogues reçoivent, du chef de la captivité, la permission d'avoir des rabbins. Regardez la carte du Kaukase de Klaproth, vous y voyez au nord de Kout (Imiret), à l'ouest du defilé de Dariel, une immense chaîne de montagnes Brouts sabdseli ou *Sekara*, où le fleuve Terek et quantité d'autres rivières qui coulent vers le nord et vers le sud, prennent leurs sources. Massoudi, en 957, avance qu'il y avait dans le Kaukase 300 différents idiomes; Ibn Haoukal s'étant rendu en 977 dans divers villages de cette chaîne, s'est convaincu de la vérité de cette assertion; Alhassan ben Ahmed le mollabite, l'azzizien en 980, dit que cette montagne porte le nom de *djebal al soni* جبل الالسن *djebal-as-soni* (mont d'idiomes), à cause de cette énorme quantité de peuples et de langues (Edrisi, V, 6, p. 330; Abulf. Reiskii, p. 179). Al-soni, As-soni, prononciation connue.

Le texte de la première édition de Benjamin donne encore après Sikaria le nom du pays התורגמים *Hathorgamim*, Thogarma, nom biblique des Georgiens, qui sont nommés de suite par leurs propres dénominations.

Etaient comprises encore dans le ressort du chef de la captivité les synagogues du pays de גרגנין *Gherghenicns*, jusqu'aux fleuve גיחון *Ghihoun*, ce sont les הגרגשין *Gherghesécns*. Pour rétablir cette phrase embrouillée, il n'y a qu'à déplacer et échanger les deux noms de peuples. Gherghesécns sont les Thogarmim Georgiens, et Gherghenicns les Djordjans de l'autre côté de la mer kaspienne rapprochée à Djihoun. Et tout relevait du chef, jusqu'aux שערי המדינות portes (limites, frontières) des provinces et aux contrées du טובות *Toboth* ou Tibet et jusqu'au הנדו *Hind*.

Ayant heureusement achevé le petit tour du monde, nous nous rejoignons à Bagdad, où, dans cette résidence du chef de la captivité, il n'y a que 1000 de ses fidèles, tandis que tout près, à 2 journées, une grande ville, *Resen* ou *Ghehiagan*, en possède 5000, et à 1 journée de là *Babel*, 2000, et à 5 milles de là, *Hela*, 10000, et peu éloignée *Koufa*, 7000 (chap. XIII). Ce pays de Babylonie fut peuplé à la suite des discordes et de la dispersion des séjournants dans le pays d'Ararat. Petahhia ne fait monter toute cette population qu'à 6000 (p. 54) et les journées de chemin de Petahhia sont différentes des autres, parce qu'il compte 1 1/2 de Bagdad au tombeau d'Ezechiel (p. 42); 2 de Bagdad à Babylone (p. 70).

Babel, aussi peuplé, n'est cependant qu'un village qui remplace une ville importante, dit le contemporain Edrisi, dont les édifices royaux ont subi les effets des révolutions du temps, mais il en subsiste des vestiges encore debout, qui attestent que c'était dans les temps anciens une ville immense (IV, 6, p. 161). Le palais ruiné de Naboukadnezar occupe un terrain de 30 milles; la synagogue est éloignée du palais de 20 milles : tandis qu'entre *Hilla* et Babel, il n'y a que 5 milles. Ces milles sont évidemment très-différents. Un semblable désordre dans la différence des milles obscurcit les descriptions d'Edrisi et des autres écrivains arabes. Peut-être trouverez-vous un jour une variante raisonnable, qui donnera au palais, au lieu de ל 30, seulement ד 4 milles, et à la place de כ 20 d'éloignement de la synagogue, ב 2 milles. Ces variantes feraient disparaître la discordance des milles.

Je vous laisse étudier la carte des situations spéciales pour les environs du tombeau d'Ezechiel : je ferai seulement remarquer qu'on ne peut, en aucune manière, se porter avec la rivière כבר *Khober*, sur quelque fleuve ou rivière de nom identique, ordinairement éloigné (Petahh.

note 54). C'est le nom d'une petite rivière, d'un canal ou d'un ruisseau qui mouille le sol sépulcral et mêle ses eaux avec Maarsares, ancien bras de l'Eufrat. Peut-être c'est le Romyma de la carte d'Arrowsmith, qui est en même temps un embranchement de l'autre bras de l'Eufrat.

Benjamin poursuit sa description positive ou sa course par *Neardea* jusqu'à *Elnabar* ou *Poumbeditha*, comme s'il allait retourner. Ce pas rétrograde mérite d'être observé : il paraîtrait que Benjamin termina ses courses vers l'orient et rétrograda pour se rendre en Egypte.

De Poumbeditha il a déjà parlé ci-dessus p. 133, dit Baratier, (note, 27, p. 167), mais ce récit est différent : les deux principales contradictions qui sautent aux yeux sont : 1° que là il appelle אליובר *Aljubar*, ici אלנבר *Elnabar*, et 2° ci-dessus il place 2000 juifs, ici 3000 ; on aurait bien dispensé notre savant voyageur de faire de telles répétitions jointes à des contradictions. A mon avis, elles ne méritent pas tant de courroux. Benjamin ne suivit pas uniquement les narrations orales des arabes, mais il puisa plus d'une fois dans leurs ouvrages. S'il n'y trouvait point de nom de Poumbeditha, il y trouvait ابيار انبار نبار l'autre nom donne également Jubar, Anbar, Nabar, et même Ambar, comme il est presque accepté dans nos cartes récentes. Nous ne sommes que trop habitués à ces dédiacritisisations arabes.

Mais vous saurez mieux désarmer l'humeur de notre savant commentateur, quand vous arriverez à établir l'origine de cette contradiction dans la dépravation du texte par le copiste, à quoi vous possédez une indication certaine.

Benjamin sort de la savante Poumbeditha et s'engage par imagination dans les déserts de *Seba*, ayant au nord le pays de *Sincar*, au sud l'heureux *Yemen*, qui touche aux Indes (à leurs mers). Après 21 journées de marche, il se trouve au milieu des sables et des déserts, dans le pays fort vaste des רכב *rechabites*, où il y a 40 villes, 200 villages ; des villes de 15 milles de longueur et d'autant de largeur ; des palais, des vergers ; une population guerrière de 450,000 âmes, sans compter les pillards arabes : le tout dans le désert sablonneux et aride. Il rattache cet empire à la ville arabe כיבר *Khaïbar* خيبر peu considérable, à la place forte تيما *Taïma* תימא et peut-être à الثنيه *Thania* תנאים *Tannaïs*, qui se trouve sur la route de Jamama à la Mekke (Edrisi, II, 6, p. 155) ; enfin *Tilimas* est comparé à Salma par Baratier (diss. VI, 9). Certainement le conte concernant les rechabites, n'est pas de son invention. Iosip ben Gorion (II, 9) l'avait relaté antérieurement. Benjamin désigne l'Arabie comme domicile des rechabites. Petahhia qui le suivit, le fait habiter dans le pays de Gog et Magog au delà des montagnes ténébreuses (p. 76), conformément à l'opinion de Iosip ben Gorion. On voit que deux opinions divisaient les croyants : l'une plaçait les rechabites dans le désert des mystérieux Themoudites, les autres dans les ténèbres des Tibetains, descendant, suivant les Arabes, de Toba d'Yemen, voisins de Gog et Magog, objet de la prédilection arabe. Je présume quelque analogie dans cette coïncidence de contes mystérieux, qui aurait pu agir dès l'origine sur différentes opinions.

Mais nous nous engageons trop légèrement dans ces régions fantastiques et chimériques, sans savoir comment en sortir. Benjamin nous conduit à la rivière *Vira*, où se baignent environ 30,000 israélites; puis en 7 journées dans la ville נאסט *Nast*, *Nasel*, où il compte 10,000 israélites. Naset est évidemment une erreur d'impression ; il faut lire ואסט *Vasel*, d'où en 5 journées on arrive à *Basra*.

Vous dites (note à Petahhia, p. 62) que dans le pays de Havizah, vis-à-vis de Korna et près de la rivière de Senné, on voit encore aujourd'hui un vieux bâtiment qui passe pour être le tombeau du prophète Esdras. Cette rivière Senné des cartes anciennes, porte, sur les cartes récentes le nom de Kerkhah. Benjamin l'appelle נהר סמרא סמורה *nahr Somra, Samoura*. Jehuda Kharizi explique ces différences en ajoutant que ce lieu s'appellait en hébreu Ahava ou Nahr-ahava (fleuve Hauweza). En examinant la suite de nombreuses cartes de différentes époques, on peut remarquer qu'on lui donnait d'autres noms encore : Simiée, Syennée, Sahna, Senné, Tiritri, Tiripari, Zeymare, Hawera, Sous, Schouz, Schousch, Karouza, enfin Karba, Kerab, Kerbia, Kerkhah. D'où proviennent tant de noms? les uns d'erreurs, les autres (Sahna ou Senne) de la confusion, les autres encore de l'appellation locale ou d'une ville. Quant à Samoura ou Zeymare, pour retrouver l'origine de ce nom, Baratier a eu recours à une ville assez considérable de Laurestan, nommée Semira ou Semiran, éloignée de 15 milles d'Isbahan. Ce nom se fait connaître sur ce point avec plus de certitude dans la chaîne de la montagne صميرة Samira, qui se déroule au sud d'Isbahan (Edrisi, III, 7, p. 336). Mais le fleuve Kerkhah ne vient pas de là. Il sort en plusieurs branches des monts Elevend, non loin de Hamdan ; roule ses eaux près de Sous et Havez, traverse ce canton et tombe dans le Tigre non loin de Korne, où le nom Seimare est aussi fréquent que l'appellation de Kerkhah. Les marécages de Samarga, situés au sud de Tib, touchent Kerkhah ; la rivière qui baigne Seimarra, située au nord de Tib, se jette dans Kerkhah. Il faut chercher ces renseignements sur les cartes toutes récentes.

Les dernières explorations ont changé l'intérieur de l'immense Iran, elles ont trouvé un bien différent ordre de ses viscères, et c'est à tel point qu'il est dangereux quelquefois de consulter sans réserve les cartes précédentes et plus anciennes. Si j'ai recours à la carte d'Arrowsmith, c'est que je n'en ai pas de plus détaillée. Elle est bonne pour comprendre le cours du fleuve Kouran vers lequel nous nous approchons.

Vous savez que du temps de Benjamin et de Petahhia, les arabes, depuis plus de deux siècles déjà, répétaient, qu'à l'époque de la conquête, après la prise de Touster en 641, Abou Mousa el Akhari trouva le cercueil de Daniel au fond de la rivière Zab (Touster), et que l'ayant transporté par le canal à Sous, il le fit submerger sous les eaux du fleuve (Kerkhah). La narration la plus ancienne diffère dans les circonstances de la submersion, assigne Irak comme le lieu de la trouvaille, Ischtakhri en 950, Ibn Haoukal en 977 (versio Ouseley, p. 76), Edrisi, en 1154 (III, 6, versio Jauberti, p. 382), sont unanimes dans leurs relations. Jusqu'aujourd'hui on n'a pas élevé de doutes : on croit que le corps de Daniel repose submergé à Sous, où une construction moderne de peu d'apparence représente le tombeau du prophète.

Touster, où pendant un certain temps le cercueil de Daniel resta exposé, est situé sur une éminence près du fleuve Touster. Les ruines en attestent l'ancienne magnificence ; celles du château sont surtout remarquables. Sous est aussi en ruine. Ses ruines occupent un espace immense, qui ne comprend pas moins de 12 milles de longueur et n'offrent aucun vestige de quelque place forte ou château (Hammer, mémoire sur la Perse, dans le recueil de voy. t. II, p. 333-339).

Le fleuve qui coule près de Touster porte des noms très-variés : Touster, Abischouster, Didjele (Tigris), Didjeleischouster, Ahvaz, Didjele ahvaz (Abulf. p. ov, oλ, versionis Reiskii, p. 171); Karoum et parfois chez les écrivains les noms de ses affluents : Mouschrikan, Mesirkan, Abizal, Dizfoul, Zable, etc. (L'antiquité l'appelait Choaspes, Euleus, Pasitigris).

Voyons maintenant ce que nous disent Benjamin et Petahhia. Suivant le premier, du tombeau d'Esdras il y a 4 milles (distance qui ne peut servir à rien) à *Khouzestan*, qui est *Elam*, cette grande ville; mais elle n'est pas toute habitée, car elle est déserte et ruinée en partie. A son extrémité, au milieu de ses ruines, est שושן *Schouschan* ou Soussan, château, autrefois palais d'Assuerus; il y a encore là un grand et bel édifice dont l'origine remonte aux temps anciens. Le *Tigre* traverse la ville, et c'est là que se trouve le tombeau de Daniel (xv, p. 172, 173). De même Petahhia place le tombeau au dessus du fleuve *Tigre* חדקל (p. 64-67).

En admettant que Khousistan qui est Elam, qualifié de la ville ruinée, désigne une province ruinée, il serait évident à mon avis, que le château Sousan, situé sur le Tigre à l'extrémité des ruines, est le même qu'on voit aujourd'hui dans ses restes importants sur une colline située entre les ruines de Touster. Or, tous les deux, Benjamin et Petahhia, parlent de l'antique emplacement du tombeau, antérieur à l'invasion des arabes.

Touster est situé à l'est du Tigre. Nos deux narrateurs nous disent que dans des dissidences qui s'élevèrent entre les habitants israélites, on s'arracha le cercueil et qu'on le plaça de l'autre côté du fleuve. Ce propos répond à la translation du cercueil à Sous, effectuée par Abou Mousa; et il pourrait s'expliquer par la confusion d'idées qui enleva de Touster avec le cercueil à la fois et le nom du Tigre et le château d'Ahasferus en les transportant à Sous sur les rives de Kerkhah.

Mais que dire de pieux voyageurs qui assurent avoir vu le cercueil submergé, suspendu au dessus du pont? L'un assure que c'est Sanigarschah, roi régnant alors qui ordonna de le suspendre et de bâtir une synagogue en l'air; l'autre vit le cercueil et doutant de sa piété, ou ne voulant la mettre à l'évidence, n'osa passer sous le pont. (Benj. xv, p. 174-175; Petahh. p. 64-67).

Faudrait-il donc, afin de défendre les assertions de nos voyageurs, supposer qu'à un certain temps, on ne sait quand, le cercueil aurait été de nouveau retiré des eaux et serait resté à Sous, qui prospérant sur ses antiques ruines à l'est, aurait souffert une pénurie à l'ouest de Kerkhah; qu'un arrangement, appaisant les dissensions au sujet du cercueil, aurait soulagé la misère d'outre-riverains, jusqu'au moment où Sanigarschah intervint avec ses chaînes de suspension? C'est dur, c'est difficile. Tout ce qu'on pourrait dire, c'est : qu'abusés eux-mêmes, ils abusaient les autres en donnant une forme de témoignage oculaire à ce qu'ils n'avaient jamais vu. Il y avait encore d'autres contes arabes au sujet du tombeau de Daniel, comme on le voit, par ce qu'en 1555, relate le persan Ahmed de Tous (Hammer, mémoire sur la Perse, t. II, du recueil de voyages, p. 335, 336). Il s'agit toujours de la submersion.

Pardonnez, mon ami, si je fouille le sol où votre lumière entreprend de débrouiller le chaos. Je ne l'ai fait que dans l'espoir de fixer ma plante géographique sur les décombres de Sous ou de Touster. Le terrain y est scabreux : je vais courir les déserts salés.

La domination du roi de *Perse* (Sanigarschah סניגרשאה) s'étend depuis l'embouchure de Samara ou Somra (Kherkah), jusqu'à סמרכנת *Samarkand;* jusqu'à la province גיסביר ניסביר ניסבין *Gisbor, Nisbor, Nisbon* (*Nisabor*), tout le long du fleuve גוזן *Gozan*. Ce nom biblique est attaché cette fois-ci au fleuve Atrok (au delà duquel est le désert Gazos). Il n'y a pas de motif pour attribuer ce nom à Oxus, parce que Benjamin l'a déjà signalé par son propre nom de Djihoun, et Nischabour est trop éloigné d'Oxus pour s'étendre tout le long de ce fleuve.

Dans une autre direction, la longueur de l'empire persan s'étend de l'occident sur *Madaï,* au centre il enferme les montagnes de חפתון *Hafton;* à l'orient il embrasse les provinces de טיבות *Tobot* تبت

D'Elam et de son château Sousan (Toster), il y a 3 journées à רודבר *Roubadbar*, où l'on a 20,000 israélites; de là 2 journées à la rivière נהרגאנת *Vanth;* de celle-ci 4 journées au pays de מולחאת *Molhat*, où réside le vieillard de אלכשישין *alkhaschischin,* des assasins. J'avoue que je ne sais point quel parti prendre au sujet de la populeuse *Roubadbar*. De Toster à Roudbar au Dilem, vers lequel on a voulu diriger l'itinéraire mentionné, on n'arrivait pas en trois journées. Essayant cependant cette traverse, nous remarquons qu'Aboulféda observe qu'il y a plusieurs Roudbar, parmi lesquels un village du canton de Hamdan (Reiskii, p. 330). Mais un village ne convient pas à une population de 20,000 israélites. Il est bien de remarquer que la relation de notre voyageur, depuis sa visite au pays des rachabites, trouve partout des populations israélites surabondantes : ce qui est suspect.

Prenant une autre direction à 3 journées vers nord-est de Toster on trouve sur la carte d'Arrowsmith, à l'est de Kaschan, *Rudabad,* qui pouvait servir de station et de lieu de conscription des israélites du canton de Kaschan. Ensuite vient à 2 journées la rivière Vanth, qui arrose un point du désert entre Yezd et Tubus; la carte offre plusieurs eaux du désert. Ce désert s'étend à 4 journées de large, il est appelé pays de Molhat, ارض الملح c'est-à-dire salé (الملح sel en arabe). Au bout de ce pays, sur de hautes montagnes, demeurent les ismaélites khaschischin et de leurs quatre assemblées on compte 4 journées jusqu'à עאריה *'Aria,* هراة Herat et les montagnes *Hafton*, desquelles, vers l'occident, s'étend la Médie (chap. xv, p. 177, 178). Eldad le danite appelait la ville ה"רא Hara et la montagne תהום Theom, l'abîme (chap. 3, p. 34, verso de votre édition) (13).

(13) Les assasins établirent leur domination dans les montagnes à partir de Ghilan jusqu'à Herat. Leurs chefs résidaient ordinairement à Roudbar dans le Taberistan et à Almout dans le Ghilan. Les déserts étaient limitrophes surtout de Khoucstan. Ils étaient appelés ismaliens, bathenieus, molhedoun (ceux qui ont renoncé au moslemisme), et algebal (des montagnes). Les assassins furent détruits par Houlagou en 1265.

Enfin je me retourne dans mes explorations encore plus vers le midi. J'ai cherché la situation de Roubadbar d'après les distances données par Benjamin : mais ces distances doivent céder aux indications positives de Marco Polo, lequel, contrariant les distances, va confirmer les relations antérieures et nos explications. Cent ans après Benjamin, Polo visita ce pays et traversa le chemin de molhat. D'après ses renseignements les deux journées de Sousan à Roubadbar sont une erreur; les autres distances ne sont pas suffisantes, mais les allégations de Benjamin sont pleinement confirmées.

Marco Polo sait qu'en partant de Iasdic (Yezd) on chevauche 7 journées jusqu'à Creman (Kerman) (chap. 34, I, 21). De Creman il chevaucha 7 autres journées à travers les villes jusqu'à une montagne, de laquelle, après deux journées de marche descendante, il entra dans une grande ville Camadu (Khomda ou Hemedan) située dans une plaine qui s'appelle Reorbales, Reobarle, Reobarbe, Rebales (chap. 35, 36, I, 22, 23). A l'extrémité de cette plaine, qui s'étend 5 journées vers le midi, on se trouve dans une autre plaine Formosa, où, sur les bords de l'océan, est situé Carmos (Hormouz de Mogistan) (chap. 37, I, 24).

Il dit encore, que de son temps, la grandeur de Camadu avait été dégradée par les incursions fréquentes des Tartares; que les habitants sont des sorciers, qui changent des jours clairs en des nuits sombres, qu'une fois surpris lui-même par un semblable sortilège, il n'échappa au danger de l'obscurité qu'en se réfugiant dans un château appellé Toloformis ou Conosalmi (chap. 36, I, 33) (14).

Ajoutons à cette narration que, selon la tradition des juifs, le tombeau de la belle Ester et du sage Mardochée se trouve dans ce Hamedan ou Khomda, ruiné aujourd'hui (Malte-Brun CXX, t. VIII, p. 386), appelé par Marco Polo Camadu du pays de Reobarbe (Roudbar d'Edrisi), et le chiffre de 20,000 Israélites fixés à Roubadbar sera suffisamment expliqué.

De Roubadbar (Camadu), à 2 journées (comptons 20) se trouve la rivière Vanth; c'est la rivière Debala de la vallée Bast qui traverse Yezd.

A partir de Kerman, Marco Polo chevauche 7 journées par un chemin très-mauvais, et arrive à Gobian, Cobian (Kubbis, Khebis) d'où il continue par la province Thunacaïm (de Kouhistan où est Toun et Kaïn) le long de 8 journées jusqu'à la montagne Melete où se trouvent le vieux de la montagne et les assassins; ensuite il voyage 7 journées encore avant d'arriver à Sapurgam (Schibergan) qui est à l'ouest de Balk (chap. 44, I, 30). Or, il a traversé le pays salé, molhat, et donne à la montagne Hafton le nom du pays molhat en la qualifiant Melete.

De ces montagnes (Hafton), à travers la Médie on arrive en 10 journées à *Hamdan* (Ekbatana). Delà 4 journées à דברזתאן *Dabreztan* طبرستان Taberistan, où sont les israélites sur le bord de Gozan

(14) Cependant les géographes arabes ne font pas grand cas de la grandeur de Camadu. Istakhri, désignant le désert Roudbar au nord de la chaîne de Kofs, signale Koumin situé non loin de Djiroft et de Hormouz (p. 78). Edrisi sur la route de Valasgherd nomme Kouncin, ville de moyenne grandeur, très-bien bâtie et très-agréable, éloignée 4 journées de Hormouz (III, 7, p. 428), sans rappeler son désert Roudbar.

(Atrok, fleuve qui termine le Taberistan : est inter Gorgan et Chawarezim, in ultimo termino Thabarestanae, dit Aboulféda, versionis Reiskii, p. 334).

De Tabristan à אספהאן *Isbahan* il y a 7 journées. C'est une capitale de 12 milles de circuit; on y compte environ 15,000 israélites. Isbahan, à cette époque-là, se composait de deux villes, dont une nommée اليهوديه el Iehoudia, l'autre Schehriana, situées à la distance de 2 milles l'une de l'autre. La première est plus grande que l'autre (Edrisi, IV, 6, p. 167). Elle porte le nom de Iehoudia, à cause qu'elle est peuplée d'israélites : il n'y a donc rien d'extraordinaire, si leur nombre montait à 15,000 : ils devaient être au nombre de 50,000 à Hamdan et Herat et les arabes semblent l'ignorer.

De Isbahan, on se rend à Samarkand en 15 journées, passant par שיפאז *Schifaz*, qui est une province persane éloignée 4 journées seulement d'Isbahan. Ces quatre journées parcourues par cette direction dans le désert salé, ne pouvaient faire découvrir aucune province, aucun canton. Je me suis avancé d'avantage jusqu'aux montagnes. En les fouillant de même que leurs alentours, à droite et à gauche, aucune trace ne s'est montrée, aucun écho ne m'a répondu. Les routes y sont incertaines, dangereuses. Sur celle qui conduit de Kerman vers Nisabor, le fort سبورد Sebvard ruiné, avait été délaissé par crainte des voleurs (Edrisi, III, 7, p. 436). La route d'Isbahan à Korin vers Nischabour, est dangereuse et peu fréquentée à cause des voleurs (Edrisi, p. 439). Au delà de Nischabour, je vois, comme dépendance سقراس Askaras (Edrisi, IV, 7, p. 185, 186), qui pourrait fournir le nom de Schifaz. Je vous signale ce nom, parce que sa lecture peut changer kaf en fe : cas analogue à la lecture de Aljubar ou Alnabar.

Sur la route de Herat à Sedjestan, dit Edrisi en 1154, il y avait à 3 journées de Herat dans son territoire اسقران *Askaran* (IV, 7, p. 183), ou اسفران *Asfaran* (III, 7, p. 448). Cette ville a ses dépendances comme si elle était chef-lieu d'un district.

Le géographe persan du XIIIe siècle place sur ce point *Asfezar*. En même temps, Ali ben Aladir le djezirien, mort 1233, dit dans son lobab qu'entre Herat et Sedjestan sont quatre villes voisines, toutes du nom de اسفزار *Asfezar*, éloignées entre elles tout au plus d'une journée. Aboulféda, 1331, en a conclu qu'elles formaient un korah, un canton de Herat (versio Reiskii, p. 344). Delisle, qui consultait les écrits arabes et avait des renseignements sur la Perse, communiqués par l'ambassade européenne à Teheran, en fait une province à part *Esferain*, mais les cartes modernes semblent négliger ou méconnaître l'existence de ce nom, à moins qu'elles ne le désignent par le nom Sekher. S'il vous plaisait d'y reconnaître Schifaz de Benjamin, je vous recommanderai ce groupe de villes cantonales, consonnantes, pouvant représenter une province.

L'édifice construit avec des matériaux fragiles, sur des bases peu solides, croule au premier souffle; aussi ce que j'avance sur l'analogie de Schifaz et Asfazar peut s'abîmer à la voix du texte de la première édition de Benjamin. Cependant je continue hardiment. Ce texte dit (ce qui manque dans la traduction de Baratier), que de Schifaz les 7 journées conduisent d'abord à גינה *Ghina*, situé sur le fleuve Gozan, et que de là il n'y a que 4 journées à Samarkand. A 1 journée au nord de Nischabour se trouve خان روان *Khan*-rovan ou zovan (Edrisi, IV, 7, p. 182, 184, 186), il n'est pas sur le fleuve (Atrok), mais aussi rapproché au nord de Nischabour; il est dans ces parties montagneuses où sont les sources du fleuve; il est dans cette province qui s'étend le long du fleuve Gozan. Ces conditions rapprochent et identifient l'analogie de Khan avec Ghina. Mais le fondement de la narration de Benjamin est si peu solide, qu'on joue au hasard en voulant pénétrer ses mystères.

Dans l'hypothèse que nous avons lancée, la distance de 4 journées de Ghina jusqu'à Samarkand, ni celle de 7, ni cette autre de 4, ni en somme celle de 15 n'est pas de nature à faire d'obstacles. Le triple pour les chameaux volants, ne suffirait pas. Ces distances, comme celle de Samarkand à Tibet, qui est évaluée à 4 journées, sont le résultat de la leçon erronée des chiffres. Ces chiffres déterminent par détours, d'Isbahan à Tibet, 19 journées, tandis que de Tibet à Nischabour, Benjamin en donne 28 en ligne directe (chap. XVIII, p. 191).

Vous dites, dans votre savante introduction à l'ouvrage d'Eliah de Ferrare (p. 326), que l'opinion du talmoud et des arabes n'était pas tout-à-fait d'accord quand à l'emplacement des dix tributs conduits par le roi d'Assyrie à Halah, à Habor, à Hara et à nehar Gozan ou montagne Gozan, aussi bien que dans celle de la Médie (II, rois, XVII, 6, XVIII, II ; I chron. V, 27). La différence consiste en ce que les traditions du talmoud enfermaient toute la population des tributs dans la Médie seule et une partie d'Adherbidjan : tandis que les arabes disloquent une partie dans le Khorassan, à Herat et à Balk. Qu'elle opinion Benjamin a-t-il suivi? il ne s'explique pas. Il semble cependant qu'il s'inclinait davantage à celle des arabes, parce qu'il relate que les Israélites du pays de Nisbor et de la montagne de cette province (mont Tourok), prétendaient descendre de quatre tributs : par conséquent le fleuve (Atrok) qui baigne les montagnes, est appelée Gozan, répondant à l'exil de la bible dans le nahar Gozan. Les traditions talmoudiques paraissent mériter plus de confiance que les assertions postérieures des arabes; mais la dispersion ultérieure des enfants d'Israël, qui ne rentrèrent pas dans la terre sainte, a dû donner origine à d'autres traditions au nombre desquelles est celle qu'avait recueillie Benjamin chez les Nischabouriens avec toutes les conséquences qui se présentent dans sa narration.

Je ne connais pas le motif qui fit décider Rawlinson à placer Hafton dans la chaine de Zagros et à retrouver Amaria dans Ali-ilahis holvanien. Je ne réfuterai pas les déductions contraires de Baratier, je n'analyserai pas non plus ses heureux aperçus, ni sa remarque que Benjamin est ici bien meilleur géographe que son interprète latin (dissert. VI, 11-15). Mais je vois que toute la narration de Benjamin roule sur ce qu'il a appris des Nischabouriens et se rattache à ce point; que les distances de pays éloignés sont altérées et réduites à des proportions phthisiques : mais tout ce qui se rattache à Nischabour est justement resserré ; à Nischabour et ses montagnes septentrionales Tourok, dont la chaîne, qui se prolonge vers le sud, sous le nom de Hafton, se dirige (innommée sur les cartes modernes) vers Herat (15). Les israélites habitent ces montagnes jusqu'au royaume de Perse, touchent aux frontières de la Médie et sont tributaires (chap. XV, p. 178). Les montagnes de Nisbor (Tourok), sont sur le fleuve Gozan et les guerriers israélites montagnards, alliés avec les infidèles Tourks كفار الترك (كفار وهوجنس kaferi ou infidèles) (16), font la guerre aux *Kousch*, aux Persans du Farsistan, traversant le désert (salé, molhat). Les Persans, arrivant aux montagnes de Nisbor, se trouvaient auprès des fontaines qui sont le long de Gozan (XVIII, p. 191, 196). Toute cette description est d'accord avec ce que Eldad le danite avançait trois siècles antérieurement. Il savait que les montagnards des montagnes d'abîme ne supportaient aucunement la domination de goïm (chap. 3, de votre édition, p. 34, 3 verso).

C'est là, dans ces contrées que David el Roï d'Omaria en 1135, souleva les israélites contre le roi (Sanigar-schah). La ville d'où il naquit n'est éloignée qu'une journée du mont Hafton (XV, p. 178). Les montagnards se soulevèrent. Leur chef Roï, surpris par le roi, est mis en prison dans la ville de דבסתאן *Dabestan*, sur le grand fleuve Gozan. Roï reparaît de sa prison devant le roi (la scène se passe près de Dabestan, sur le fleuve Gozan) : à la vue du roi il traverse le fleuve et dans ce même jour il fait le chemin de dix journées jusqu'à Amaria, située à 1 journée de Hafton.

Observons maintenant : le fleuve Gozan étant Atrok, Dabestan est évidemment دهستان *Dahestan*, canton entre les deux fleuves qui dépend de Abeskoun, situé dans le Tabaristan, sur les bords de la kaspienne. Dahistan est une ville ou plutôt un village (Edrisi, V, 7, p. 334) chef-lieu d'un district et porte le nom de Achor ou Ashor, (non loin de la mer kaspienne au confluent de Sumbor avec Atrok,) sur les derniers confins de Tabaristan où commence le Khovarezm. (Abulf., vers. Reiskii, p. 334).

A dix journées de là on peut se rapprocher du mont Hafton, en coupant le chemin qui conduit de Nischabour à Merv-schahdjan. Sur ce chemin, à 35 milles de Nischabour et à 54 de Merv, se trouve الحمرا *el Hamra* (Edrisi, IV, 7, p. 186), d'où, par une forte journée on parvient à atteindre le versant est de Hafton. Cette place ne se trouve plus sur les cartes modernes. On y remarque plus loin que Nischabour, un peu à droite, Mili-omari : mais cet emplacement ne se coordonne pas dans les distances d'Amara. Vous m'objecterez que l'orthographe de עמאריה ne répond pas à l'orthographe de حمرا.

(15) Les cartes modernes ne nous fournissent aucune dénomination pour cette chaîne. est probable que Hafton est le nom d'une montagne particulière de la chaîne. Sur quelques cartes toutes récentes on remarque un nom assez analogue à Hafton dans un bourg ou localité appelée Huftanseaub, située sur le versant est entre Herat et Nisabour.

(16) C'est ainsi dans Aboulféda Vlaki kaferi, Kaptschakenses kaferi. — Le Tourk est qualifié de Kafer pour le distinguer des fidèles mahomédans Thogarmim de l'Asie mineure.

C'est vrai, mais le mal n'est pas si grand. (Ali-ilahis n'y ressemble plus). Tout ce que dit Benjamin de David Roï, n'est pas copié de quelque ouvrage orthographié, mais vient de relations orales qu'il n'a su régulièrement orthographier. Peut-être que vous trouverez quelque chose de mieux, en attendant, considérant les explications qu'offrent à la narration de Benjamin les emplacements assignés, vous direz, je l'espère : si non è vero, è ben trovato. Et s'il vous arrivait de reprendre et réfuter quelques-unes de mes assertions, veuillez vous rappeler qu'elles ne cherchaient qu'à confirmer votre propre opinion, que vous avez habilement émise en 1838, dans votre première édition de la relation d'Eldad le danite : ce souvenir vous dira qu'au fond de la question, nous sommes d'accord.

Avant de se retirer de ces montagnes agitées, je vous demande, que veut un prêtre ou sacrificateur des idoles, dans ce que Benjamin dit : que les Persans campés près des fontaines de Gozan, s'informaient touchant les כומרין *Comarins* enfants de גוץ *Gotz*, d'entre les kofr al *Torks?* où, dans les comarins, Constantin l'Empereur voyait simplement les idolâtres (Baratier, nota 7, ad Benj. XVIII, p. 196, 197). Ne s'agit-il pas ici plutôt de Komans? Les Persans s'informaient de قمان Komans (peuples tourks) enfants de غز Gozzes (nation tourke), qui sont d'entre les infidèles Tourks (qui sont de la race tourke). L'orthographe s'y oppose de nouveau. En ce cas je vous recommande une horde de la race tourke appelée كيمار *Kimar,* comme elle est plus tard nommée, en 1413, par le compilateur Yakout ou Bakouï (notices et extraits, VI, 22). En effet, Baratier lui-même dit : ajoutez qu'il y a effectivement là des peuples de ce nom (note 7, p. 197).

Enfin, fatigué des ces explorations continentales, je vais retourner avec Benjamin à Khousistan, d'où par les eaux du limpide Choaspes j'aurai le plaisir de vous rejoindre, afin de vous féliciter tout d'abord de ce que vous avez eu la complaisance de purger l'île de *Kis* de ce fatras de lettres, qui surchargeaient sa tête, obstruaient son intérieur, tourmentaient plusieurs siècles l'esprit des érudits. J'espère que votre île est délivrée du brigand, qui, du temps d'Edrisi, inquiétait les voyageurs, gênait la pêche des perles, et qu'ainsi vous regardez *Katifa* en toute sécurité. Mais avant d'aller nous plonger, comme les deux pêcheurs katifiens, laissez boire, je vous en prie, aux huîtres l'eau de la pluie, et, recevant l'échange de paroles d'une amitié sincère, permettez-moi de me reposer.

AFRIQUE, EUROPE.

TROISIÈME LETTRE.

Bruxelles, 30 août 1847.

Amédée Jaubert, dans sa traduction d'Edrisi, dit en poursuivant la version de la description de l'Égypte : notre texte contient ici une anecdote fabuleuse et sans intérêt, que nous nous abstenons de traduire (p. 320). Il a laissé quantité de semblables lacunes dans le gros ouvrage de géographie arabe, en donnant son texte plein, mais incomplet. Heureusement Benjamin n'est pas aussi purgé par ses interprètes : nous l'avons en entier, véridique ou relatant des fables chimériques. On ne s'est pas abstenu de traduire dans sa description de l'Égypte, l'anecdote fabuleuse du capitaine Soteros, qui cassa le miroir de la tour alexandrine; mais on peut s'abstenir de toutes exclamations contre lui, quand on réfléchit qu'à cette époque le peuple romain comptait parmi ses illustrations antiques le comte Brutus, et se glorifiait de son fameux capitaine Annibal : et il ne manquait pas de savants annalistes qui l'affirmaient tout de même.

Le pèlerin Benjamin n'était pas géographe et ne pensait pas écrire une géographie ou une description du monde, complète et bien rangée. Il entreprit cependant de donner à la lecture de ses co-religionnaires une notice générale sur le monde de leur dispersion. Dans ce qu'il a parcouru lui-même, il a pu donner de petites distances et des circonstances vérifiables. Je présume qu'il courut jusqu'au tombeau d'Ezechiel, d'où il rebroussa chemin par l'Egypte. C'est de ces derniers points, qu'il s'avise de faire un aperçu du reste du monde, ramassant à tort et à travers différentes relations sur la Perse, sur l'Inde, sur le noir Kousch ou l'Afrique; répétant les relations orales ou écrites, isolées, incohérentes. Garc de supposer son invention, il reproduit bonnement les choses comme il les a apprises. La relation concernant le tombeau de Daniel pourrait seule être accusée d'invention, mais simultanément relatée par Petahbia, toute récente qu'elle paraisse, elle vient évidemment d'une autre source que de la cervelle de quelque voyageur. Ne serait-il pas possible que la turbulence de quelque population israélite, mécontentant le conquérant Seldjouk rendait dangereux le pèlerinage au tombeau de Daniel, à la suite de quoi on débita de fables, émerveillant les pèlerins qui les répétaient avec empressement? ce que Benjamin dit des rechabites, du tombeau de Daniel, des Nisbouriens, ce sont des contes de ses co-religionnaires, placés confusément dans l'Arabie et la Perse. Ce qu'il dit de l'Inde ce sont des contes arabes; enfin, ce qu'il avance de l'Afrique est le produit des commerçants.

Il est incontestable que Benjamin puisait à beaucoup de sources arabes. En qualité d'Espagnol, certainement il pouvait connaître la langue arabe: mais sa continuelle arabisation, si je puis me servir de cette expression, prouve le mieux à mon avis, qu'il a réellement parcouru l'orient et s'est soulé d'arabisme, enfin qu'il raconte souvent sous la dictée de l'idiome arabe. Lorsque quantité de noms de localités orientales sont signalées dans la forme arabe, cela n'est pas extraordinaire, mais cette forme se retrouve aussi dans des noms purement hébreux, dans les appellations de ses co-religionnaires; les mots arabes sont reproduits dans kofer al Tourk, albouta, etc., comme on les répète en orient. Il ne se sépare de l'idiome arabe, que lorsque les arabes lui manquent. En Sicile, à Palerme, il retrouve encore les arabes et les mots: de perle, al-marga, de bain, al-behira. Dix années plus tard, en 1185, l'espagnol Aboul Hossein Mohammed ibn Djobaïr examinait la cour de Palerme, composée à moitié de mahommédans avec lesquels Benjamin a dû s'entretenir. Il y apprit que le premier dignitaire de la couronne, qu'il appelle lui-même gouverneur ou vice-roi, portait à la cour le titre arabe *al-hezeina* (chap. XX, 111) trésorier : titre connu aujourd'hui à la cour du sultan à Constantinople et donné aux fonctionnaires de la trésorerie : hazna-agazi, gardien du trésor, hazna-krabaïasi, vicaire du gardien, hazna-dar-baschi, trésorier en chef; titre connu dans l'empire russe : kaznatschei, receveur du fisc dans un district, le fisc étant qualifié du mot arabe حزن *kazn*.

On a fait déjà des hypothèses sur ce que Benjamin dit de l'Inde. Je ne veux pas trop les contrarier. Je ferai seulement remarquer, qu'évidemment notre pèlerin y avait en vue de tracer une esquisse de deux cultes : des adorateurs du soleil et des adorateurs du feu. A cet effet il a choisi deux exemples peu connus, ou peut-être inconnus à la géographie positive, extraits probablement de quelque obscur ouvrage arabe traitant des merveilles, tissues fantastiquement pour une lecture amusante. Pour donner à ces exemples une plus spécieuse apparence de réalité, il a choisi quelques noms de positions géographiques auxquelles il assigne les distances qui augmentent la confusion des noms défigurés. Voici comme on pourrait les expliquer, nonobstant les profondes observations des commentateurs précédents.

De Kalif, 7 journées à להאולם *hOulam*, qui est avec son poivre Koulam dit île. Ensuite 22 journées aux îles כנרג *Khinrag*, dont les habitants sont les דוגבים *Dogbims* : ces appellations sont engendrées de مهراج جابه mihradj djaba. A partir de ces îles, 40 journées jusqu'à *Tzin*, au delà à l'extrémite de l'orient, la mer *nikpha*, coagulée, ou sont les griphons.

C'est de Tzin qu'on compte 3 journées par terre et 15 journées par mer à גינגלה *Ghingala*, d'où 7 journées par mer à *Koulan*. Ghingala est donc sur le continent : serait-ce Galigula de Marco Polo, situé quelque part entre Ava et Siam? Toutefois les nombres des distances offrent une fâcheuse désharmonie. Si l'on était disposé à corriger le texte, on substituerait à ג 3 journées נ 50, de même à ז 7 journées נ 50, et les amateurs d'opérations de ce genre pourraient, je pense, être satisfaits.

Vous savez que Hind et Kousch, sont des généralités nuageant le lumineux orient et l'ardent sud. Aussi Benjamin place Kousch en Perse, en Arabie, dans les Indes et dans toute l'étendue de l'Afrique méridionale; il fait placer Hind sur toutes les mers, jusqu'au Farsistan, l'Arabie et l'Afrique : en effet, ces mers portent le nom de la mer Hind chez les arabes : mais à la suite de semblables généralisations, le récit de Benjamin est confus, ses idées confuses : et il les embrouille encore par ses réminiscences bibliques, n'ayant aucun rapport avec les lieux et les circonstances.

Il sait qu'en 12 journées on se rend de Koulam à זביד *Zabid* زبيد ville de Yemen. Elle est grande, dit Edrisi, très-peuplée, très-opulente. Il y a un grand concours d'étrangers et de marchands de Hedjaz, de Habesch, de l'Egypte qui y arrivent de Djedda. On exporte diverses espèces d'aromates de Hind et diverses marchandises de Sin et autres (I, 6, p. 49).

De Zabid (on traverse la mer rouge ou le golfe de la mer de Hind, la mer Hind encore) en 8 journées pour arriver (directement ou par Djidda) à בעדן *Ba'dan* بجه? Bedja, Bodja, Badja, Badjan des arabes. Benjamin y ajoute plusieurs explications. D'abord, c'est suivant lui, cette partie de Hind qui est en terre ferme : cela se comprend que c'est cette partie de la mer Hind, qui forme un golfe en terre ferme. Ensuite il ajoute entre paranthèses : c'est עדאן *'Adan* qui est à טלאשר *Telassar,* renseignement biblique confus et déplacé : cet 'Aden et Telassar étant du pays d'Aram, Syrie du temps du roi David.

B'adan, Badja, est un pays montagneux, dit très-bien Benjamin; un vrai désert entre Habesch, Nubie et Saïd, qui sert de passage et de réunion pour les marchands. Le principal bourg à cet effet est dans la vallée de el Alaki, où se fait le commerce entre les habitants de la haute Egypte et ceux de Badja. Dans ses montagnes sont les mines d'or. Un autre bourg est à 8 journées au nord, Aïdhab, situé vis-à-vis de Djidda qui est le port de la Mekke, et lieu ou reposent les restes mortels d'Eve, mère de la race humaine. Par Aïdab traversent les pèlerins qui vont visiter la Mekke. Edrisi expose tout au long cette situation commerciale et de passage (I, 5, II, 5; Abulf. Reiskii, p. 196, 197). Plus tard dans le pays de Badja acquit de la renommée Souakem (Abulf. p. 147).

Les israélites domiciliés à Badan, vont en Perse, en Egypte, et descendent dans le pays de המעטום *Hommatom* appelé ליביא *Loubia.* Cette appellation érudite de l'antiquité grecque désigne l'Afrikia des arabes. Ces israélites se rendaient donc à Tounis, où, à 1 forte journée, se trouvait حمامات *Hamamat*, séparé de Tounis par la péninsule Bascheh, pointée vis-à-vis de la Sicile par le cap Bon (Edrisi, III, 2, p. 270; Abulf. p. 205). Les cartes du moyen âge appellent : Mameta, Mahometa, Hammameta (Sanson), Hamamet, et ce nom s'est conservé jusqu'aujourd'hui. Voilà les courses que font les israélites de Bedja.

Pour se rendre de Badan, d'Alalaki à אסואן *Assouan*, il faut traverser le désert שבא *Seba*, ensuite longer le פישון *Fison*, Nil ; la traverse dure 20 journées. On peut se former une idée de cette traverse, par différents passages d'Edrisi, et comment on longeait le Nil depuis les cataractes (I, 4, p. 35). Quand on allait directement, on arrivait d'Alaki à Assouan en 12 journées (Abulf. p. 196). N'importe, si le nom de Seba convient au désert, tel nom lui est donné par ceux qui nous renseignent.

D'Assouan à הולין *Holvan* il y a 12 journées ; de Holvan à Kous 13 journées, dit le texte de Benjamin. Erreur évidente d'un chiffre. Au lieu de יב 12 il serait mieux כב 22. Il y a d'Assouan 25 journées à Fostat. Holvan est un bourg à l'orient du Nil, à 2 parasanges de Fostat (Abulf p. 190). De ce point partaient les karavanes dans le magreb.

Ces karavanes traversent en 50 journées le désert de צחרא *Tzahara*, pour se rendre à זוילא *Zouila*, Zavila. C'est juste. A cette distance dans le pays de Fezzan (qu'on nommait aussi Ferran, Karran, Kazzan) se trouve زويلة Zavila, en tout temps connue des arabes (Edrisi, III, 3, p. 289; Abulf. p. 212). — D'ici les karavanes allaient dans le Soudan, où est غانة Gana. Zavila n'est pas encore dans la terre de גאנה *Gana*, elle est dans le désert de صحرا Sahara, אל צחרא *al Tzahara*, qu'il faut traverser, Gana étant au delà de ce désert. Benjamin pense que Zavila est חוילה *Havila* de la bible.

Il est clair, qu'étant en Egypte, il a rencontré les israélites de Bedja, les marchands venant du fond de Magreb, mais en relatant ce qu'ils lui ont dit, il s'embrouille et enveloppe leurs renseignements dans ses explications bibliques. Ainsi biblisant, il donne une excessive extension à חבש *Habesch*, parce qu'il pense que c'est Kousch ; Havila et Kousch étant Soudan où est Gana, il en résulte que Habesch s'étend du côté de l'occident (chap. xx, xxi).

Kous قوص ville considérable, insalubre, mais commerçante, la plus considérable après Fostat, avait à 5 journées de distance un port de mer Koseïr (Edrisi, II, 4, p. 127; Abulf. p. 195). Ceux qui entraient en Egypte par ce port, pouvaient consciencieusement rapporter à Benjamin que Kous se trouvait au commencement de l'Egypte et lui apprendre qu'elle comptait 30,000 juifs (cap. XX, p. 223).

A ה 5 journées de קוץ *Koutz*, Kous, est פיום *Fioum*, autrefois פיתום *Fitoum*. Puisque Benjamin ajoute qu'on y voit encore les restes des anciens édifices bâtis par nos pères, il n'y a donc pas de raison à chercher quelque autre Fioum ou Fitoum, que la grande ville bien connue Faïoum, mais il faut étendre sa distance de Kous : au lieu de ה 5 journées, lire ח 8 jou ıées, de grandes journées, forcées, telles que les trois entre Kous et Koseïr. De Fioum à *Misr* il y a 4 (petites) journées (xxxi, p. 225).

Nous voilà dans cette grande et multiple capitale, pleine de grands souvenirs de toute époque et de différents peuples, d'antiques ruines et de constructions modernes. Vous y êtes comme chez vous ; vous m'indiquez tout ce que Benjamin avait vu et examiné. Enfin vous me conduisez dans le pays de גושן *Gosen*, où Benjamin trouve une grande ville, qu'il appelle בולסיר סלבים *Bolsir-salbis*. Sans doute elle n'est autre que Gyzeh, mais pourquoi lui donne-t-il un nom que nous ne retrouvons pas ailleurs? Aussi la distance de Misr monte dans son texte à ח 8 parasanges; réduite à ה 5 elle serait encore exorbitante, puisque la distance réelle excède à peine une parasange; en partant même de Boulak, il serait difficile de compter ב 2 parasanges. Les distances suivantes offrent aussi plusieurs difficultés sous le rapport de l'insuffisance ou de la surabondance. Je ne saurais proposer de remède pour toutes.

De Gosen, Gyzeh, en une demi-journée on arrive à עיקאל עין אל שמס *Izkal aïn al schams,* c'est juste. عين شمس Aïn schams, source du soleil, est ainsi appelée de l'ancienne Ἡλιόπολις Heliopolis des Grecs, dont les ruines se font voir près de Mataryeh, de façon que Benjamin, avec les autres, a pu s'imaginer de remarquer, parmi les édifices bâtis par les israélites, des édifices de *Rameses* et qualifier la ville de ce nom. Les tours de briques sont appelées éguille de Faraon par les arabes (Abulf. p. 199). Quant à Izkal, j'observerai qu'Ibn al Ouardi parle d'une grande ville قليوب Kalioub, située à l'occident d'Aïn Schems. Elle comptait 1700 jardins, et il n'en reste que peu et son nom célèbre. Peut-être cette Kal voisine, parvenue à un haut degré de puissance et de grandeur عزقل a-t-elle fourni à Benjamin l'appellation de Izkal.

Une (petite) journée de là אלבוביאין *al Aboubieg* aura sans doute ainsi défiguré le nom de البلبيس al Belbeis, Felbes des koptes, nommée *vicus judæorum*, entourée de ruines. Défiguration résultant de la prononciation orale.

A une demi-journée de là מנזיפתא *Man Zifta.* Séparez le pléonasme arabe من de زفتة et vous trouverez *Zifta* sur la branche damiattine du Nil, d'où من de زفتة Zifta, on traversait, dit le texte de Benjamin, la distance de 4 parasanges pour arriver à Ramira.

C'est insuffisant. Corrigez les ד 4 parasanges par ח 8 et רמירה *Ramira* par דמירה Damira et vous aurez دميرة *Damira*, fabrique d'étoffes appelées schoroubes, éloignée de 10 milles de Damiat (Edrisi, III, 3, p. 320, 321, 325). Nous sommes d'accord que ce point est bien fixé.

De Damira, il y à ה 5 journées à למחלה *Lmahala*, éloignée de ב 2 journées d'Alexandrie (XXII, p. 232). Il y a en Egypte une centaine de محلة Mahalats (d'habitations), dit Aboulféda (p. 201). Aucune de celles de la basse Egypte n'a besoin de 5 journées pour arriver de Damira; plusieurs de ces Mahalats se trouvent à la distance de 2 journées d'Alexandrie. Du temps d'Aboulféda, la plus renommée était Mahalat dakla, aujourd'hui c'est Mahalat al kebir, située presque sous les murs de Damira. Dans cette abondance d'habitations égyptiennes, je pense que Mahalat Melch, située sur le bras du Nil de Rosette, en suivant le chemin vers Alexandrie, est préférable à toutes les autres. Mais en ce cas il faut absolument corriger les 5 journées du texte en ח 8 parasanges. A la suite sont les 2 (petites) journées jusqu'à Alexandrie.

Alexandrie, rendez-vous des marchands de toutes les nations. Il est difficile de les distinguer tous dans la foule. Les uns viennent des pays chrétiens de l'occident, d'autres des pays moslemines de l'orient; il en arrive des péninsules apenine et pyrénéenne et du fond de l'Europe. Ceux de la péninsule apenine sont Toskans, Lombards, Génois, Pisans, Pouilles; ceux de la péninsule pyrénéenne, de Valence בלינסייא *Balensia* بلنسية de Malaga מלכי *Malkhi* مالقة encore sous la domination des ismaélites; Aragon, Navarais, Espagnoles אספנייא *Esfania*. Le nom de أسبانية Asbania se bornait alors au sud de la montagne de Sierra et de Kastille (Edrisi, IV, 1, p. 15). Kordou était déjà en possession des chrétiens de l'occident, mais en supposant le texte inalteré, il serait difficile de voir dans קרטויה *Kartoïah* قرطبة la *Kortouba*. Kartoïah pourrait-elle convenir à Crotone ou Cortone, قطرونة Kotrona, قطروني Kotroni, ville de Kalabre, dont les constructions sont anciennes, l'étendue vaste et la population considérable (Edrisi, IV, 3, p. 118); ou à قرطس Kretes, à l'île de Crete, Kredin? je n'oserai le décider. Choisissez selon votre humeur, si rien ne se présente de mieux. Kartoïah, aussi bien que רקופיה *Roukoufia* sont à chercher, suivant toutes les probabilités, dans les péninsules. Dans Rakoufia on a voulu retrouver Raguse, en ce cas Kartoïah donnerait les Kroates? Mais non : Kartoïah est Cartaïenia, Cartagène d'Espagne.

Dans la liste des pays de l'intérieur de l'Europe d'où venaient les marchands, se distinguent : Rousia, Allemagna, puis שושנאה *Sosannah*, sans aucun doute سصونية Sosania, Saxe. Ensuite Danemark et גלאץ *Gelatz* qui répond à Holsat, figurant de bonne heure sur les cartes du moyen âge. Ensuite Flandre et חיטר *Hiter* que je ne connais pas. On supposait y distiguer Artois ou Hainaut. Si l'arabisant Benjamin consultait les ouvrages arabes, il a pu de هينو Haïno, faire هيتر *Hiter* : mais il est plus probable qu'il écrivit d'après les relations orales.

Vient ensuite la France : פראנציא *Frania*, île de France, Poitou, Angou (Anjou), Bourgonia, Probintzia, qui se distinguent suffisamment. Restent : מריאנה *Mediana*, indubitablement France moyenne, centrale, Media, Mediana, appellation karlovingienne encore ineffacée, et לרמניא *Larmania*, qui pourrait donner le nom de Romania (de l'Italie), d'Armaniac et de Normandie; j'adhère à cette dernière explication.

De ceux qui venaient des possessions ismaélites ou de l'orient, les seuls de אלערוה *al 'Arva* ne s'expliquent pas suffisamment; cependant placés tout à côté d'Andalouse ils décèlent le nom de la dernière possession moslemine en Portugal, appelée al Garbe, Algarve.

Benjamin qui va bientôt terminer ses courses, avant de quitter l'Egypte pour ne pas assister à la chute fatale, déjà trop rapprochée de la domination de Fatemides, appelle notre attention sur le littoral et la course au mont Sinaï. Il compte 4 embouchures du Nil. D'abord le Nil se divise en deux branches principales, dont une va à Roscheid, l'autre à Damiat. Toutes les deux se divisent par des embranchements, parmi lesquels celui de אשמון *Asmon* est indiqué par Aboulféda (p. 161) comme versant ses eaux dans le lac tanitique. La quatrième embouchure, qui manque dans le texte de Benjamin, pourrait être ou alexandrine dans le lac maréotide, ou orientale dans le lac tanitique.

Il compte d'Alexandrie à Damiat 2 énormes journées. On en comptait alors 3, dont une à Roscheid, valait 60 milles, les deux autres jusqu'à Damiat plus longues (Edrisi, III, 4, p. 315, 327). — Le lac tanitique contient plusieurs îles industrieuses, dans lesquelles on remarque beaucoup de ruines; Benjamin indique très-bien à 1 et 1/2 journée de Damiat, טוניס *Tounis* ou חנס *Hanes*, île sur les confins de l'Egypte. C'est تنيس Tennis (Edrisi, p. 317, 320; Benj. XXIII, p. 230).

De Damiat, autrefois Kaftor, il y a une (grande) journée et demie à סונבאט *Sounbat*, dont les habitants cultivent le lin, se livrent au commerce et sont fort riches (Edrisi, III, 4, p. 317; Benj. XXIII, p. 230). De Sounbat سنباط il y a 4 journées à la station de אילאם *Elam*, Aïlam, dans le désert, sur le chemin conduisant au mont Sinaï. Je remarque dans différentes cartes plusieurs Elim sur les rivages de la mer rouge; je pense que c'est une de celles-ci, par laquelle on arrivait en 2 journées à רפידים *Refidim*, village situé au sud, presque au pied du mont Sinaï, appelé par les arabes جبل طور djebel Tour (Edrisi, III, 5, p. 332; Aboulféda, p. 177). Benjamin connait au pied d'une montagne un bourg תרסיני *Thor Sinaï*, ce bourg existe toujours sur les rivages de la mer.

Pardonnez-moi si je me suis étendu à l'infini dans l'analyse de l'itinéraire suivi par le tudélien en Egypte. Probablement que cet itinéraire avait déjà été expliqué par d'autres élucubrations qui ne me sont pas connues. Baratier, que vous m'avez donné pour guider mon observation avait dit : tous ces noms de villes me sont inconnus : or, je les ai cherchés, n'ayant que peu de ressources. Je pense cependant que ces indications, qui se sont présentées assez facilement, sont conformes à ce qui a été dit ailleurs, qu'elles seront constatées dans vos études. Le respectable Makrizi, avec lequel vous vous entretenez souvent, ne les démentira pas. Son démenti m'affligerait beaucoup.

Maintenant nous allons partir de l'antique possession des Faraons pour la Sicile. Sicile, puissante encore et florissante, où tous les points sont ouverts et faciles à traverser. Arrivés à Messine, nous regardons לוניד l'*Ionid*, la Ionide, la mer ionienne, dont le détroit sépare la Sicile de la Kalabre. Palerme, Catane, Syracuse ou Scalagraeca, Mazara, Trapani, פטלריאה *Petalriah* ou Petralia, sont des villes connues.

Ensuite sur le continent Roma et Louka (XXIII, p. 242) (17), d'où

(17) Puisque nous repassons la péninsule Italique, je toucherai à deux position de Benjamin, dont l'une est passée sous silence par Baratier; l'autre examinée par un peut-être. A partir de Benevent vers Ascoli, est *Malchi*, sans aucun doute Melfi, dans Basilicata sur la frontière de la Pouille. — Dans

par Morena, par les passages d'Itania et la ville de Berden ou Bredin, on entre en Allemagne (XXIV, p. 242, 243).

Vous savez que j'ai essayé un jour de contrarier l'explication de Constantin l'Empereur, en s'efforçant de pénétrer en Allemagne par Meran, aux environs d'Udine. Secondant cette idée, vous avez suivi la route de l'empereur Lothaire II et vous m'indiquez Bredin, ville où cet empereur mourut en 1137. Cette ville n'existe plus, on croit que c'est Bettenau, dans l'Innital du Tirol, non loin de Meran, tout près des sources du Lech. La ville a pu gagner de la célébrité, un certain temps, par la mort de l'auguste personnage; entre Meran et la ville il ne manque pas de passages, dans un pays montagneux se trouve cette indication ingénieuse, mais de ma part j'avoue que j'adhère plutôt à l'explication d'abord contestée. Pas d'autre issue : מוראיינה *Moraena*, Moraïna ou Moriana est Maurienne; אטניא *Itania* est le petit passage saint Bernard, qualifié Itania de *Tignes*, village qui se trouve à droite. Enfin la ville de ברדין *Berdin* indique le grand passage du mont saint Bernard avec son hospice qui, dans les peintures des cartes du moyen âge, figure comme une ville. Benjamin n'y est pas allé; il qualifie de ville ce qu'on lui disait de l'hospice. Ici commence l'Aschkenaz, Allemagne (18).

Cologne en est la capitale et il y a 15 journées jusqu'à la ville de קשנבורג *Kassenbourg*, qui est aux frontières d'Aschkenaz. A mon avis pas d'autre point pour cette ville de frontière que *Kuttenberg*, Koutna-gora en Bohême, lieu renommé par ses mines d'argent, dont la ville était une des plus considérables et réellement frontière, la Silésie ne faisant pas encore partie de l'Allemagne.

Quant à quelques autres villes d'Aschkenaz, qui voilent leur front, riant de nos incertitudes; je n'ai en général qu'à adhérer à ce qui a été avancé par d'autres. Le texte de Benjamin offre des noms défigurés, ce qui est trop ordinaire dans les ouvrages géographiques. Benjamin était espagnol, se trouvant en Italie, il se procurait des renseignement auprès des Italiens. Les noms se défiguraient sous sa plume, comme ils se défiguraient sous la plume de l'africain Edrisi. Celui-là écrivit le nom de Worms de Wormacie, قرميزة Kormiza, celui-ci גרמיסה Garmisa. Chez l'un Ratisbone est رينش برك Rinschbourg, chez l'autre רשנבורג Raschenbourg. L'un et l'autre écrivaient اسقلونية אשקלבוניא Esklavonia, le nom de slavonie voilé par l'élif emphatique. Souvent pour les noms qui n'ont pas de position indiquée, il ne reste que des hypothèses hasardées, ou l'impossible.

Miklas de Bar, il n'y a rien à changer : c'est Nicolas Mikolaï chez les Russes, les Polonais, etc. En 1087, le corps de S. Nicolas fut transporté de Myra (Asie Mineure) à Bari et placé dans la cathédrale. La renommée de ces reliques attirait les pèlerins des pays les plus éloignés (Ughelli Italia sacra, t. VIII, col. 592). L'abbé de Thingor, Nicolas fils de Saemundr (mort 1160), de retour de son pèlerinage de la terre sainte, narrait en 1154, aux Islandais ses compatriotes, *Nicholaus i Bar, par hvilir hann*, Nicolas de Bar, qui y repose (ap. Werlauff, symbola ad geogr. ex monumentis islandicis, p. 26, 48, 49). L'orbe terrestre du musée borgien à Velletri, gravé et émaillé en 1452, nommant Apulia, dit expressément, au lieu de Bar : *hic quiescit corpus beati Nicolai de Bar* (voyez explicatio planiglobii musei borg. Velit. auctore Heeren, commentationes goetting. 1804, t. XVI, p. 268).

(18) C'est le passage généralement pratiqué par Frackar (Français), Flemingiar, Valir (Vallons), Engiar, Saxar, Nordmenn (Skandinaves), dit en 1154, l'Islandais Nicolas fils de Saemundr, abbé de Thingor. Mais en descendant de Biarnads Spitals (Berdin), il ne s'arrêta en Italie qu'à Thraelathorp (Restopolis, Estrouble) : (ap. Werlauff, symbola ad geogr. ex monum. island. p. 18, 40).

Benjamin offre deux groupes de villes d'Aschkenaz qu'il a énumérées. Dans le premier se trouvent les villes situées aux environs de la Moselle et du Rhin. Ce sont les suivantes : קולוניא *Kolonia*, Cologne; קופלינש *Kouflens*, Konflens, Confluensia, Coblentz, אנדרנכה *Andernahha*, Andernach; קונה *Kona* ou קובה *Koba*, ce qui est mieux, Caub, Caup, Cub; קרטניא *Krotnia* ou קוטניא *Kotnia*. La première leçon donnerait Kreutznach, l'autre Hattenheim ou Hattene vis-à-vis d'Ingelheim; בינגה *Binga*, Bingen; גרמיסה *Garmisa*, Worms (XXIV, p. 243).

L'autre groupe est composé des villes dispersées par tout l'Aschkenaz. Constantin l'Empereur en a donné l'explication. A mon avis, il faut l'accepter et retrouver ce qu'il a désigné. Il n'avait pas de nom de משטראן *Mastran*, qui est certainement Mastrakh, Mastricht, sur la Meuse. Suivent encore deux villes rhénanes, l'une, דוידסבורק *Douidsbourg*, Duisburg, dont l'origine est basée sur Teutoburg; l'autre, אשטרנבורק *Astranbourg*, rectifiez Astrazbourg et vous trouvez le nom correct de Strasbourg. Ensuite nommées : מנדרך *Mandrahh* ou מנדטרך *Mandtrahh*, Mantern.

פסינגש *Fesinges*, Freisingen; בנבורק *Banbourg*, Bamberg; צר *Tzor* Zurich; ensuite רשנבורג *Raschenbourg*, ortographiée Reginaburg, Rexinaburg, Regensburg, Ratisbone où Petahhia se préparait à son voyage, ville située aux frontières de l'empire (XXIV, p. 245), de même que Kassenbourg ou Kuttenberg, à la porte de Prague, située en avant dans le pays de Bohême, qui est le commencement de l'Esklavonie, que les juifs, qui y habitent, appellent pays de Khanaan.

Tout porte à croire que Benjamin s'était procuré ses renseignements sur l'Allemagne auprès des marchands ou voyageurs qui venaient des environs de la Moselle. Ces mêmes marchands lui ont narré du pays de *Tzofarad*, qu'ils avaient visité. Il s'étend depuis אלסודו *al Sodo*, le chemin de 6 journées jusqu'à Paris. Or, les mosellans passaient par *Sedan* pour se rendre dans la capitale.

A peine sommes-nous à bout de nos courses, et nous avons à combattre des réclamations. C'est Mayance en premier lieu qui se présente avec ses prétentions. Mais il est impossible de la débrouiller dans la foule de noms dictés par les mosellans. Benjamin ne l'a pas nommée. Sa négligence en est-elle la cause? ou la malveillance des mosellans? en effet ils étaient en dissidence avec les mayançois, dissidence commerciale, industrielle, de synagogue? n'importe, Mayance n'y est pas. Venise non plus; l'Angleterre pas plus; Vienne et Joudenbourg sont oubliés ou inconnus. Mais ce qui est pis encore, Kordouba et Sefarad sont évidemment négligés par l'auteur lui-même qui venait de là. Et la Pologne, ce paradis des enfants d'israël est aussi passée sous silence : elle ne réclame pas, parce qu'elle comprend que Benjamin de Tudèle, en donnant la description des routes qu'il a parcourues, ajoute parfois à grands traits quelques contes ou notices sur les pays non visités, sans avoir aucun plan arrêté de donner en géographe la description du monde.

Vous m'avez dit plus d'une fois qu'on pourrait former toute une bibliothèque de ce qu'on a écrit sur Benjamin. Les Gantz, les Grégoire et une foule d'autres l'ont commenté; les Gersons, des géographes du XVIIe siècle et nombre d'auteurs se sont servis des renseignements de notre pèlerin. Or, ne sachant que très-peu de ce qui a été expliqué dans Benjamin, je répète sans doute, à mon insu, dans les lettres que je vous adresse, beaucoup de choses qui ont déjà été dites par d'autres. Vous-même en vous jetant avec tant de bonheur dans cette arène d'investigations, vous donnez un nouveau jour à ces obscurités que la maladresse de multiples perquisitions avait augmentés, et, malgré moi, je répète vos idées sur plusieurs points de mon exposition. Pour vous communiquer mon avis géographique, je n'ai pu, en suivant l'ensemble de la description du pèlerin, éviter des répétitions. Vous me comprenez j'espère et m'excuserez.

Achevant enfin cette rapide revue épistolaire, j'aime à vous réitérer mes félicitations sur le succès de vos travaux et à recommander à votre amitié votre tout dévoué.

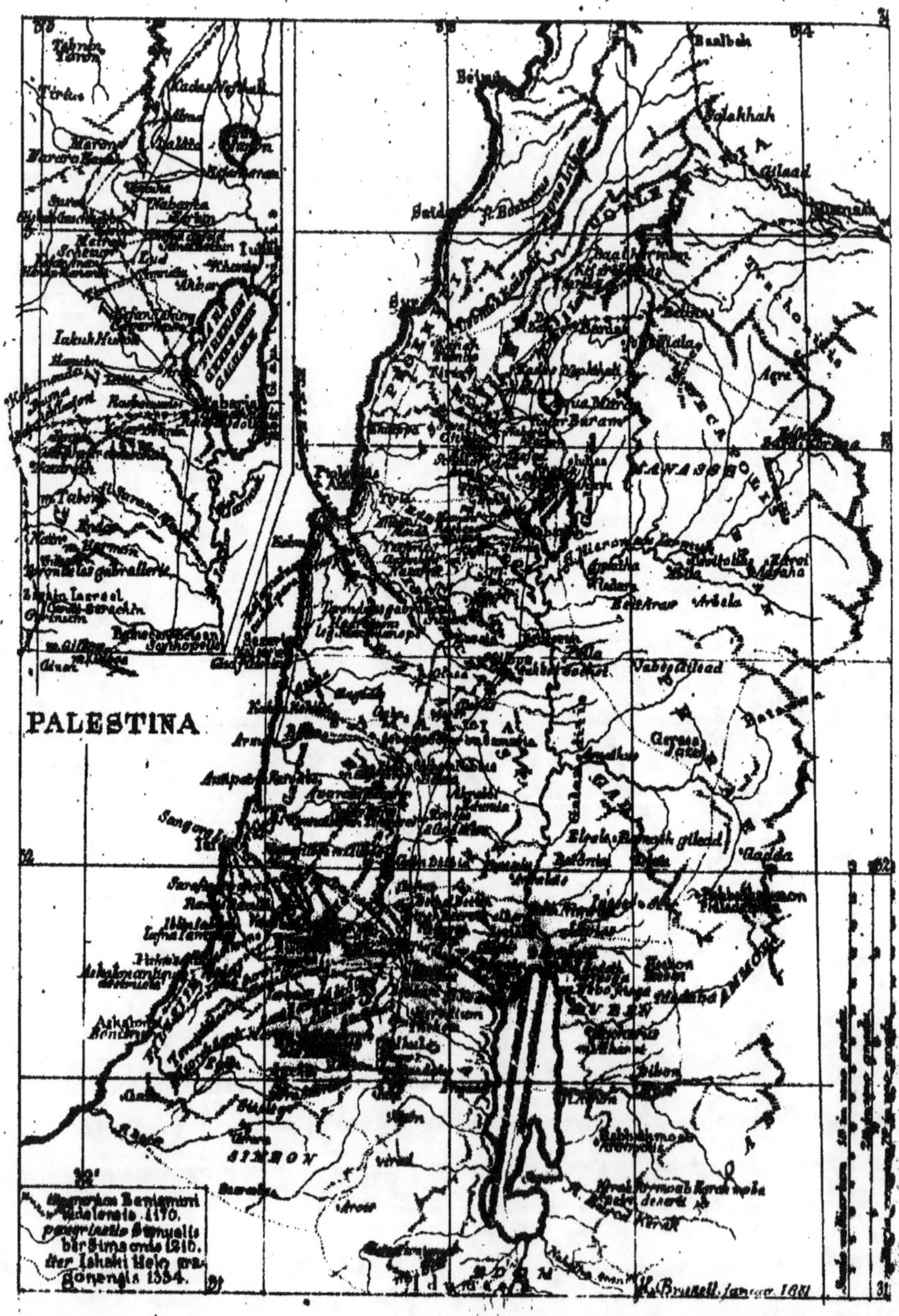
PALESTINA
Baalbek
Beirut
Saida
Salkhah
Gilead
Arbela
Jabes Gilead
SIMEON
Kerak
1334.
H. Brunell

PALESTINE.

—

QUATRIÈME LETTRE.

Bruxelles, le 10 août 1846.

Vous avez voulu soumettre à mon géographique examen la carte de la Palestine qui va accompagner votre savant ouvrage; en même temps vous me communiquez les matériaux qui la composent et vos profondes élucubrations qui dissipent les obscurités et les incertitudes. Je dois donc vous rendre compte de ce que j'ai remarqué.

Les matériaux sont extraits des narrations de pèlerins de différentes époques qui, pour la plupart, étaient sur les lieux. Benjamin de Tudèle, 1163; Petahhia de Ratisbone, 1173; Samuel bar Simson de France, 1210; Jakob de Paris, 1258; Ishak Khelo de Laresa d'Aragon, 1334; Eliah de Ferrare, 1438; Gerson fils de Moseh Ascher de Skarmela, 1561; Ouri de Biel (Biala Pologne) 1564. Huit descriptions de la Palestine, dont les deux dernières contiennent une liste abondante de tombeaux, les autres de précieux renseignements; mais de tous ces pèlerins aucun n'a réuni de dates certaines pour la construction d'une carte géographique. Deux seulement d'entre eux se dirigent par des itinéraires : Khelo, qui indique plusieurs routes ordinairement fréquentées, sans s'occuper de leurs distances ou de leurs directions; et le plus ancien, Benjamin, qui détermine les distances, s'inquiétant le moins de leur direction.

Il ne restait donc qu'à confronter les descriptions de ces pèlerins avec une bonne carte de la Palestine, bien élaborée par de nombreuses études. A cet effet, vous avez choisi la carte de Ritter. Choix admirable. Cette carte est inappréciable et abondante en indications modernes. Cependant elle ne peut suffire aux exigences du cimetière de la Galilée inférieure, où, faute de direction et de distances, l'emplacement de quelques tombeaux ne peut être désigné qu'hypothétiquement et au hasard. La magnifique carte de Ritter n'a pas assez circonstancié le moyen âge, par conséquent elle n'est pas en état d'expliquer tout ce que nous relate Benjamin, qui s'est servi plus d'une fois de dénominations en usage parmi les croisés. Le temps me manque pour me procurer les sources de cette époque qui seraient à même de corroborer ce que Benjamin avance. Sur les chemins pour nous mieux connus, son itinéraire est d'une exactitude remarquable; or, sur les routes moins connues, il convient de suivre à la lettre ses allégations, ses renseignements et ses écarts. Sur les points où son itinéraire s'embrouille, la faute souvent n'est pas à lui : la corruption du texte en est très-probablement la cause.

Partant d'Antiochie, Benjamin suit le chemin du littoral jusqu'à Césarée, d'où il se dirige vers Samarie. A une demi-journée de Césarée שיזריה *Sézarié*, conformément à la prononciation des croisés, il trouve קקון *Kakon* ou קעילה *Kehila*, Kaïla. La carte de Ritter nous offre juste Kakon. De ce point, il n'y a qu'une autre demi-journée à Samaria. Cependant le texte nomme à une-demi journée *Sargorg Louz*, éloigné d'une journée entière de Samaria (VIII, p. 76, 77). Je présume que sur ce point le texte est interrompu. Une journée, Sargorg Louz et deux teinturiers ne sont pas à leur place. Cette présomption grandit et se confirme lorsqu'on confronte ce passage avec la corruption de l'autre, où Segores Loud avec 1 journée et 1/2 et d'autres circonstances aggravantes (X, p. 105), reparaissent bien misérablement.

De Samarie Benjamin compte les distances en parasanges, qui ne sont que les lieues des croisés, dont 25 à peu près répondent à un degré. Au commencement de son ouvrage il a donné ce nom oriental aux lieues en désignant les distances entre les villes en France. A 4 parasanges de Sichem il se trouve au *monte Gilboë*. Benjamin se conforme trop souvent à une étrange version de la bible pour qu'il soit nécessaire de remarquer qu'il ne s'agit pas ici de la montagne véritable de Gilboa (éloignée de 8 parasanges de Sichem), mais de quelques hauteurs arides du mont Efraïm, au delà de Libna, qualifiée quelquefois de Gibba. De ces hauteurs arides, Benjamin trouve 5 parasanges jusqu'à *Aïalon* ou Yala située sur la plaine *Val de luna*. A 1 parasange il passe מוריה גראן דוד *Moria gran David*, qui est la grande ville *Gaboan*, d'où il y à 3 parasanges jusqu'à *Jérusalem*.

Notre compas observant l'échelle qu'il a trouvée jusqu'à Jérusalem, en partant de ce point nous conduit d'abord à *Bethléem*, ensuite à *Hebron*, d'où se tournant vers *Beth djebra* et sans s'arrêter à la 5me parasange il se trouve à Zanva ou Zanoah, appelée par Benjamin *Sounem*, et qui portait aussi le nom de טירן די לוש גבללריש *Toron de los gabral larisch* ou *Toron de los cavalleris*. De ce point à 3 parasanges il est à *S. Samuel de Silo*, qui n'est éloigné de Jérusalem que de 2 parasanges et 3 de פשיפוה *Fusifoua* ou mont מוריה *Moria*, qui est *Gibeat*. Je ne sais ce qu'on a dit de ce point embrouillé dans la description de Benjamin, mais les distances ramènent à *Moria grand David* et indiquent que c'est *Moria fasifua* S'il l'a bien qualifié de Gabaon la première fois, cette fois-ci il s'égare quand il veut le distinguer par Gibeah qui est éloigné de plus d'une parasange vers l'est.

Ecartant les noms bibliques de Sounem, de Gabaon, de Gibeah, restent à fixer les positions des appellations latines du langage des croisés : de la tour des chevaliers; de la place morte grand David; de la place morte pacifiée ou autrement qualifiée, de pacis fuga, par exemple. Nous suivons les distances sans savoir confirmer l'emplacement par quelque date du siècle des croisades. Dans le xviie siècle vers 1650, le géographe Philippe de la Rue le parisien, qui avait hardiment abordé la réforme de la monstrueuse Palestine de ses prédécesseurs, aussi bien que ses copistes ou imitateurs, comme Nicolas de Fer, en 1707; le jeune Baratier 1732, et autres, sans avoir égard aux distances, suivirent les qualifications bibliques : Chez eux Sounem d'Issakhar est Toron de los Gabraleris; Gabaon, Garaan dauid; Gaboa de Saul reste pour Pasifuah. Peut-être eurent-ils raison. Votre carte offre ces deux opinions probablement pour vos recherches ultérieures (10).

De Moria pasifuah à 3 parasanges est בית ניבי *Beth Nobi*, Beith Nuba, d'où nous passons par רמש *Rames* ou Ramleh, *Jafon*, *Jafne* ou Eblin, d'où il y a 2 parasanges à פלמים אשדוד *Palmis Asdod*. Ce point de la description est curieux et tout ce qui suit. Les deux parasanges ne nous emmènent pas de Jafna jusqu'à Azot; elles nous arrêtent à plus d'une parasange sur le chemin. Or, un vieil itinéraire romain (dit Baratier), confirme cette position en comptant de Jafna 20 milles à Palmis et de Palmis 12 milles à Azot. De Palmis il y a 2 parasanges à *Askalon la nouvelle*, éloignée de *l'ancienne* de 4 parasanges. S'il faut en croire la traduction, Benjamin parlerait comme s'il venait dans des temps très-rapprochés d'Esdras le sacrificateur, qui, à la place de *Benibra* édifia Askalon la nouvelle, plus rapprochée d'Azot, ainsi que l'ancienne, plus éloignée, tomba en ruine. Il semble cependant qu'il faut croire tout le contraire : considérer celle qui est à 4 parasanges de Jafna pour l'ancienne ruinée, laquelle en effet est détruite; et celle qui existe à 8 parasanges de Jafna et continue de former une grande ville, pour la nouvelle. C'est ainsi que sont inscrites sur la carte les deux Askalons et je pense que la version du texte peut débrouiller cette confusion et rectifier la relation du pèlerin.

Ici, dans ce qui suit, il y a une lacune dans le texte : je n'en doute pas. Nous nous y trouvons d'un coup déplacés et d'un seul bond transportés à 30 parasanges d'Askalon à Iezreel. Cette lacune est d'autant plus remarquable, qu'elle correspond avec la corruption d'un autre endroit du texte, signalé ci-dessus (VIII, p. 77). En premier lieu שרגורג לוז *Sargorg Louz* (St-Georges de Lidda) se trouve nommé sur le chemin de Césarée à une parasange de Samaria. En second lieu (X, p. 105), sur le chemin d'Askalon, sans qu'aucune distance soit indiquée. סגוריש לוד *Segoures Loud* se trouve à une et demi parasange de Iezreel.

De *Iezreel* les distances de l'itinéraire recommencent de mieux conduire à travers la Galilée inférieure. Il faut cependant se tenir en garde pour ne pas s'égarer. D'abord de Iezreel à זרזין *Zarzin* ou שיפוריח *Sifourich*, les ג 3 parasanges sont à corriger en ו 6. Ensuite viennent les 5 parasanges à *Tiberias*, d'où en 2 journées on arrivait à טימין *Timin*, Timmin, Timnatha, qui est éloignée 1 journée de *Giskala*. Ces distances fixent la position de Timin.

De Giskala à Kades-nefthali, on passe par מרון *Meron* et par Alma. Mais il faut corriger les ו 6 parasanges de Giskala en ג 3 (petites).

(10) Je pense qu'on peut se demander à juste titre : s'il faudrait prendre au sérieux toutes ces interprétations bibliques que donne le voyageur, suffisamment familiarisé avec les appellations de son époque; ou plutôt ne convient-il pas de les considérer comme des rêveries jetées quelquefois au hasard même dans la Palestine. Aden et Telassar transportés en Afrique, le nom de Togorma (qui est l'appellation de Georgie) appliqué aux Tourks sedjouks, ne sont-ils pas des qualifications capricieuses? De même Sunem, Gilboa, Gibeah, Gabaon, contrariant les distances positives, ne sont que des prête-noms improprement empruntés, qui embrouillent et détournent l'attention, en insinuant de fausses indications.

De même ו 6 autres de Meron à Alma en ג 3. De עלמה *Alma* à *Kades*, il y a une demi journée. Benjamin suscite un imbroglio par sa mauvaise réminiscence. Il dit que Meron s'appelait autrefois מירון *Meiron*, où sont les grottes de Hillel et de Schammaï : il semble ainsi confondre Meron avec Meiron. Iakob, voyageant en 1258 (p. 184) semble adopter la même confusion. Nonobstant cette obscurité, l'itinéraire de Benjamin reste utile pour la construction de la carte et indique la situation de Timmin et de Alma. Cette dernière situation est encore coordonnée par la suite routière donnée par Khelo, qui place 'Alma entre Delata et Kades (p. 265).

Les indications de distances ont encore servi à l'emplacement hypothétique de plusieurs lieux. *Heres* est entre Havarta et Silo à 2 lieues de Sichem, dans les montagnes d'Efraïm (p. 186, 212, n° 99 et 100). Or, Havarta étant à deux lieues de Sichem, Heres est nécessairement à la hauteur de Havarta déclinant un peu au sud.

Ras ben amis est à une demi-parasange de Tabaria (p. 385), il est évident que c'est de l'ouest, certainement un peu au nord quand on passe par ce lieu pour entrer dans l'intérieur de la Galice. — De Tabaria le pèlerin Samouel fait l'excursion d'une journée à *Hanouim* en retournant par Arbel (p. 130) : or, Hanouim est encore plus loin vers l'ouest, s'élevant vers le nord.

Aïn el zeitoun est à un terme sabbatique de Tzafeth ; on y passe pour se rendre au sud à Arbel (Akhbar, Kadoumia) (p. 185, 381, 427) : or, Aïn el zeitoum est sud-est de Tzafeth. *Amouka* est à 2 parasanges de Faraam (p. 394, n° 53) et à 2 lieues de Tzafeth (p. 394, n° 57) : elle est vers le nord parce qu'elle est toujours rapprochée de Dalata, de Fareh.

Pour les emplacements hypothétiques, l'itinéraire de Samouel bar Simson donne encore quelques indications. Il place *Kisma* sur le chemin de Tzefad à Giskala (p. 133). En partant de Tabarieh, avant d'arriver à Hanania, il trouve kefar *Houkok* ou *Iakouk* (p. 131). Iakouk reçoit donc sa situation lorsqu'il est établi que הינגה חנן Hanania, Hanan est le כפר ענן kefar 'Anan (p. 131, 184, 151, n° 74). Samouel partant d'Anan passe le village *Loud* avant d'arriver à Tzefad, d'où il se dirige par *Bar'am*, Amouka et par *Nebarta*, retournant à Tzefad (p. 131, 132). Dans une autre tournée, de Delata il entre à Bar'am, pour se rendre de là à Kades (p. 135, 136).

Iakob est moins explicite dans ses excursions et y jette parfois du désordre. Cependant, en descendant d'Alma vers le sud, il donne une suite de noms qui se succèdent évidemment sans interruption : Alma, Delata, Nebarta (Tzefath?) Aïn el zeitoun, *Akhbar*, Iakouk, Hittin, Arbel, Tiberias. Cette suite coordonne les renseignements que nous avons réunis.

Gerson et Ouri de Biel, dans leurs énumérations de tombeaux, copiant ce que les pèlerins en ont relaté, n'observent point de suites itinéraires, mais sauf quelque distraction, ils groupent les places plus rapprochées de la Galilée inférieure. Leurs relations ne sont donc pas aussi utiles que les autres pour l'emplacement des lieux. *Kadoumia* seule est inscrite au hasard dans la carte sur la foi de leur indication : la place pour cette insertion est assez serrée. Quant à plusieurs lieux entre Tiberias et Albon, l'espace est trop vaste et vide pour profiter à l'aventure de leurs renseignements.

Vos connaissances sauront perfectionner ce premier essai d'une carte destinée exclusivement aux pieux pèlerinages des enfants d'Israël; en attendant la lumière jaillit à beaux traits et chaque lecteur judicieux vous sera sincèrement obligé.

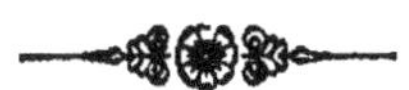

www.ingramcontent.com/pod-product-compliance
Lightning Source LLC
Chambersburg PA
CBHW051553050726
47595CB00002B/766

* 9 7 8 2 0 1 3 4 9 4 2 8 1 *